優しい心はたからもの

福井達雨

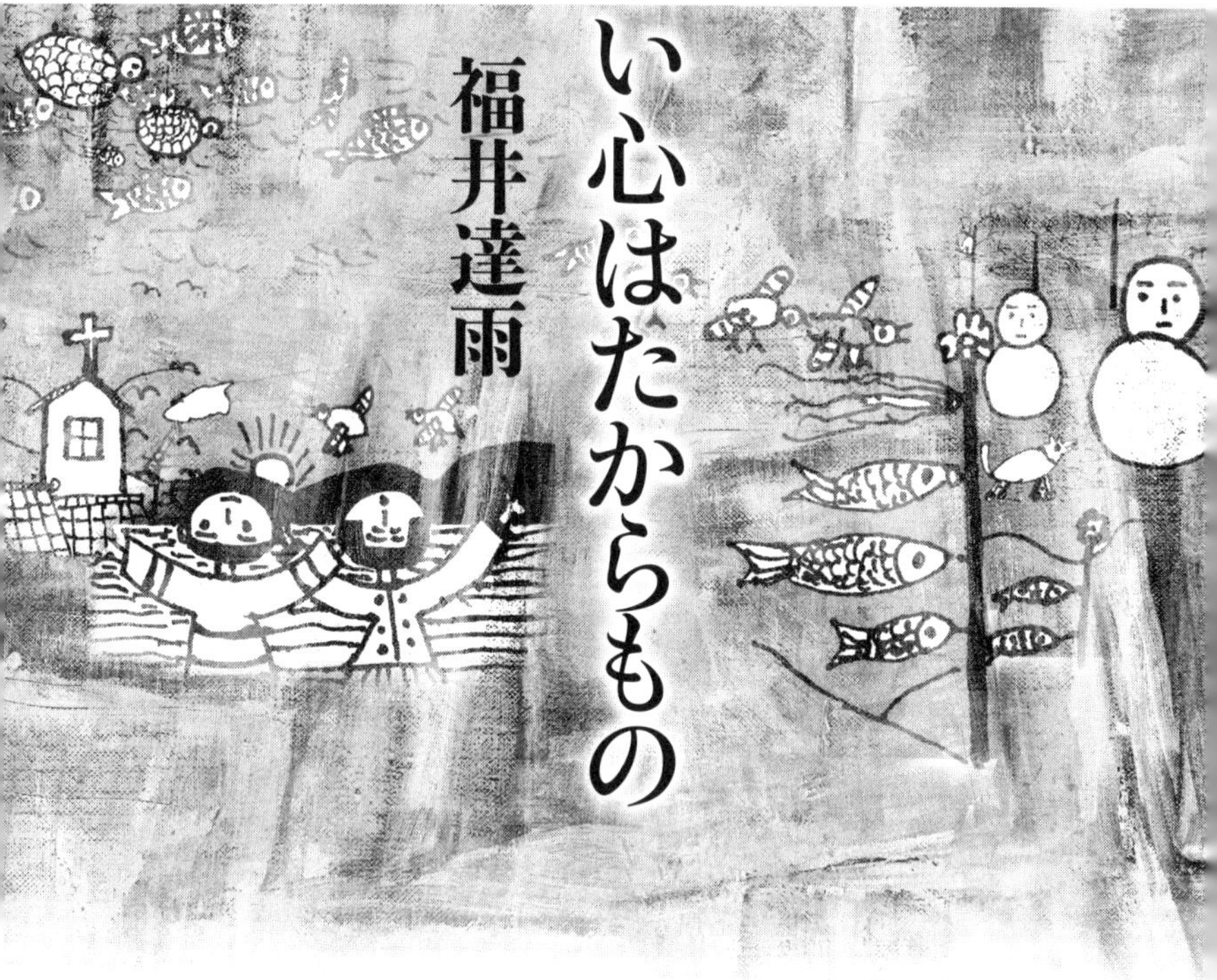

いのちのことば社

はじめに（優しい心はたからもの）

八十五歳になって、若い時よりも物事を深く、繊細に考え、感じられるのですが、身体の動きはゆっくり、ゆっくりになってきました。（これは老人として進歩、成長しているんや。これからもっと進むんやろうなあ）と楽しみにしている私です。

さて、この頃いろんな人に優しく接してもらったり、声をかけられたりすると、（長く生きていてよかったなあ）と何となくホッとして、心が明るくなり、（見えるものがいくらあっても、優しい心があらへんたら寂しくて活《い》き活きと生きられへん。やっぱし優しい心はたからものやなあ）とよく思います。

優しい心とは何なのでしょうか。まず浮かぶのは家族や男女の愛情、友情などです。そして、それらを支える信頼です。しかし、愛情や信頼は人間同士で助け合うのに必要なものですが、自分を守るための損得という欲や、人間の情から成り立っています。人間から生まれたものは有限ですから、（自分が損をする）と感じると、それらは壊れてしまいます。そして、残るのは相手に対する不信感です。

このように自分の都合で消えてしまい、いつまでも続かないものは真《まこと》の優しい心でしょうか。そうではありません。

真の優しい心とは、永遠に変わらないものです。それが、イエスさまが私たちに示してくださった愛なのです。イエスさまが十字架にかかり、自分の生命《いのち》を捨て、何も求めずに私たちの罪を背負い、私たちが裏切った神さまと和解させてくださった愛。その愛以外に真の優しい心はないのです。

愛は自分のものではありません。他者に無償で捧《ささ》げるものなのです。愛は永遠です。しかし、私たちは愛情や信頼はもてても、愛は口で語ったり、文章に書いたりできますが、行動としてなかなかもてないものです。私は（僕《ぼく》にはもてへんものかなあ。どうしたらもてるんやろう）と絶望に近いものを感じています。その時、心に浮かぶのは三郎くんのことです。彼は知能に障害をもっています。

ある年、運動会の五十メートル走で三郎くんたち数人が走り出し、しばらくした時、仲間の一人が足をもつらせて転びました。それに気づいた三郎くんが立ち止まって、倒れた仲間のところに走って行き、身体を抱えて立ち上がらせたのです。

私は一瞬、（そんなことをしてたら、一番になれへんのに）と思いました。しかし、三郎くんはニコニコしながら、倒れた仲間と二人でゴールに着きました。最後の走者でした。

三郎くんは市民マラソンで走った時も、途中、腹痛などをおこして道にしゃがみ込んでいる走者を見ると、走るのをやめてその人を励ましに行き、それを何度もするので、規定時間内にゴールに入れませんでした。

この三郎くんを（優しい）と思う人、（アホやなあ。こんなことをしていたら、勝てないのに）ととらえる人、いろいろな人がいると思います。でも、三郎くんは誉《ほ》められても、貶《けな》されても、そのようなことはどうでもよいのです。倒れた仲間を支えて共に走ることは、彼にとって当たり前のことなのです。そして、どんな時でも三郎くんのニコニコと明るい笑顔は絶えることがありません。

私は三郎くんと出会う度《たび》に、（この彼にとって当然の行動が、イエスさまが私たちに教えてくださっている愛なんやろうなあ。三郎くんがもっているものを、同じ人間の僕にももてるはずや。「愛はもてへん」と決めつけずに、「だれでももてるものや」と明るい希望を捨てず、祈り、深い信仰をもたされ、努力せんとあかんなあ）と力づけられるのです。

チャップリンが『独裁者』という映画の最後に、「神の国はあなたがたのただ中にあるのです」（ルカ一七・二一）という御言《みことば》を通して、「神の国は一人の人間でなく、総《すべ》ての人間の中にあり、君たちの中にあります」と語っています。

神の国は私たちの中にあって、そこには総ての人を幸福にする愛があります。そして、その愛は、神さまがだれにでも与えてくださったものです。ですから、神さまが与えてくださった愛を出し惜しみしないで、人に分け与え、「優しい心はたからもの」と語りながら、皆で手をつないで、今の世界を歩んでいこうではありませんか。

目次

Ⅱ　愛はヌクモリです

Ⅲ　優しい心はたからもの

表紙・本文イラスト　福井達雨

I

永遠に続くもの、それは愛

心のふるさとは生きる力になった

見えない所を美しく

幼い時に育てられた心のふるさとは、ホノボノとした歩みを持たせてくれます。

私は、滋賀県にある近江兄弟社というキリスト者の群れの中で育ち、清友幼稚園（現・近江兄弟社幼稚園）で一柳《ひとつやなぎ》満喜子《まきこ》という先生から幼児教育を受けました。

満喜子先生は、厳しいキリスト者であり女性でした。けれども、「厳しい」ということは「恐《こわ》い」ということではありません。「恐い」ということは「冷たい」ことですが、「厳しい」ということは、その後ろに「温かい」という世界が存在しています。満喜子先生は、厳しくて、温かい人でした。ですから、幼稚園の時のことを思い出すと、温《ぬく》もりを感じ、胸があつくなってくるのです。

おやつの時間、きんとき豆がお皿に出てきました。お皿に残った甘いおつゆの誘惑に勝てず、ついそれをペチャペチャと舌を出してなめてしまったのです。それを見つけた満喜子先生の顔色が変わりました。大声が私にとんできました。

「達《たっ》ちゃん、行儀の悪い食べ方をしてはいけません。立ってなさい」

そして、猫のように首に鈴をつけられて、二時間ばかり教室の片隅に立たされました。

また、こんなこともありました。窓ガラスをふいていた時のことです。満喜子先生が来て窓の桟《さん》を指でスッとさわられました。指先にほこりがいっぱいについています。とたんに雷が落ちました。

「達ちゃん、掃除は心でするものです。見えない所を美しくするものです」

と言うと、窓掃除の仕方を丁寧に教えてくださいましたが、私には鬼のように思え、近づきにくくなりました。しかし、この頃、不思議なことに、このようなことが何となく懐かしく思い出されるのです。

満喜子先生は日本的に言えば、円満な人格者ではありませんでした。しかし、自分が弱さをもちながら自らをキリストに向け、完全《まったき》に向かって努力し、そこから自分の人格のすべて、弱いことも強いことも幼い私にぶつけて、聖書を、キリストを、人間の生き方を教えてくださいました。その人格接触の中で、私は、知能に重い障害をもつ子どもの教育に入り、（キリスト者、教育者は円満な人格者像やあらへん。欠陥の多い人間が、弱い人間がキリストによって、子どもによって強くさせられ、完全《まったき》に向かって歩もうとする努力者像なんやなあ）と、いま力づけられているのです。

幼児の時に植えつけられた心のふるさとは今も、みずみずしく私の心の中に生きています。そして、それが苦しい時や悲しい時に生き返ってきて、再び新たにそれに負けずに立ち向かっていこうという勇気が与えられます。私にとって「心のふるさと」とは、キリストに与えられた「信仰」なのです。

信仰とは、悲しみを喜びに変え、怒りを感謝に変え、試練や迫害を希望に変える力です。それを幼い時にもたされたことは幸せなことでした。

「キリスト・イエスにあって敬虔に生きようと願う者はみな、迫害を受けます。悪い者たちや詐欺師たちは、だましたり、だまされたりして、ますます悪に落ちて行きます。けれどもあなたは、学んで確信したところにとどまっていなさい。あなたは自分がだれから学んだかを知っており、また、自分が幼いころから聖書に親しんできたことも知っているからです。聖書はあなたに知恵を与えて、キリスト・イエスに対する信仰による救いを受けさせることができます。聖書はすべて神の霊感によるもので、教えと戒めと矯正と義の訓練のために有益です。神の人がすべての良い働きのためにふさわしく、十分に整えられた者となるためです」（Ⅱテモテ三・一二〜一七）

と聖書に書かれているように、幼い時から育てられたものは、永遠《とこしえ》に消えることなく心にとどまっています。私にとって一柳満喜子先生との出会いは、強烈なものを心に残し、そして、その体験が今の私を育てた力の一つになってきました。

信仰とは、キリストから与えられるものですが、しかし、それを媒介してくれるいくつかの事実があります。その事実は、人間であったり、ものであったりしますが、その人間やものに出会った時、その出会いの一つ一つを大切にし、そこから今までと違う世界に、決断をもってとび込んでいく行動が、信仰という深いものを自分に受け入れる力となるのです。信仰をもたされるということは、考えるという観念的なものではなく、具体的な行動です。汗や涙を流す地道な歩みです。

私は、幼い時のいくつかのキリストによって与えられた出会いによって、弱い私が、円満な人格者でない私が、それでも完全《まったき》に向かって努力しようという勇気を与えられてきたことをシミジミと思うのです。

死んでも、生きているもの

小・中学生時代は、私にとっては苦しい時でした。

キリスト者であった母親は、第二次世界大戦が激しくなると、信仰と聖書をとおして「どんな時でも、人を殺すことはキリストに反します」「天皇は神ではありません。神はキ

母 ヨネ、弟 満雨、筆者、妹 満喜、父 鍾曛

リストだけです」と、戦争に反対したために、「非国民」として大変な時を、孤独な時をもちました。

その母親を私はどうしても好きになれませんでした。なぜかというと、この時分、私は「非国民の母親の子ども」として友だちに遊んでもらえなかったからです。私が友だちと遊ぼうとすると、「達《たっ》ちゃんと遊ぶと恐《こわ》いことが起きるよ」と言って、友だちの母親が遊ばせてくれません。子どもにとって友だちができないことほど寂しいことはありません。その寂しさ、孤独が母親への憎しみに変わっていきました。信仰に活《い》かされている母親の姿が、わがまま、利己的な人間、子どもへの愛のない女性としか私には映らなかったのです。

この母親の大きさが、立派さが、この母親を活かしている信仰の強さ、素晴らしさがわかってきたのは、知能に重い障害をもつ子どもたちと共に生き始めてからです。

この子どもたちは、障害をもっているということだけで疎外《そがい》されています。その疎外され、少数側に立たされている人たちの立場から、生命《いのち》の問題を叫び、行動していくと、たくさんの人たちからなかなか理解されず、反対に嫌われたり、非難を受けたりすることが多くなりました。そんな時、つらくて、シンドくてたまらなくなり、そこから逃げだしたくなってしまいます。時には逃げだしてしまうこともありました。

そして、後ろをふり向くと、子どもたちが悲しい顔をして黙って私を見つめていました。「知能に重い障害をもつ子どもたちの後ろには、キリストが立っておいでになる」と信じてきた私にとって、子どもたちの悲しい顔は、キリストの悲しい顔でした。

こんな時、単純な私は「しもうた。間違うてた。許《ゆる》してえな」と大声で叫び、子どもたち（キリスト）のところに必死になって走り帰ります。そして、その度《たび》に（私がキリストを信じへんでよかったなあ）（私が子どもたちを選ばへんでよかったなあ）と思います。私がキリストを信じ、子どもたちを選んでいたら、選択権は私にあります。それで、キリストや子どもたちが嫌いになれば、私が自由に捨てることができたはずです。しかし、私の場合、キリストによって信仰が与えられ、子どもたちに選ばれてこの仕事に取り組んだのですから、選択権は他者側（キリスト、子どもたち）にあります。私が嫌いになってそこから逃げだそうとしても、他者が捨てない限り、逃げることはできず、逃げても、逃げても、後ろをふり向くと、そこには子どもたち（キリスト）が立っているのです。

こうして教えられたことは、信仰とは、人間が神をつくり、信ずることではなく、神が人間に信仰を与えてくださるものであり、教育者とは、自分が子どもたちを選ぶことではなく、子どもたちに選ばれて初めて、教育者になることができるということでした。

私が知能に重い障害をもつ子どもたちと共に生きてきた歳月においては、信仰というものが大きな力でした。もし信仰がなかったら、キリストがいてくださらなかったら、子どもたちがいなかったら、聖書に反することでも妥協し、円満な日本的人格者になっていたかもわかりません。そして、母親がキリスト者として生き、「非国民」と言われながらも聖書に、信仰に、真理に忠実に生きた深い意味を理解することは不可能であったでしょう。

母親が孤独と苦しみの中で、それに負けることなく、なおイキイキと明るく、笑顔の中で生きつづけた力は、信仰でした。そしてその母親の生き方が、三十八歳という若さで天上に召されていった時の母の姿が、私の心の中に深く刻み込まれています。キリストによって信仰をもたされた母親は、死んでも生きています。それは、子どもの私の心に生きています。キリスト者は、母親は、信仰によって、死んでも生きているものです。

こうして母親という媒介をとおし、キリストに与えられた目に見えないものが私に残され、それが今、少数側に立たされ疎外されている知能に重い障害をもつ子どもたちと共に生きる力や糧《かて》になっていることは、幸せなことです。そして、過去に出会った苦しいことや悲しいことは、キリストや子どもたちによって昇華《しょうか》され、それが心の温《ぬく》もりに変えられていくのだということを、この頃、シミジミと思います。

私の小・中学生時代は、友だちと遊んでもらえない孤独な日々でした。しかし、その試練こそ、私が知能に重い障害をもつ子どもたちと共に生きる源になったのです。

他者によって変えられていく

人生には激動の時があります。私にとって二十代から三十代はそんな時でした。二十歳の時、知能に重い障害をもつ子どもたちに出会いました。大小便たれ流し、手づかみ食べの子どもたちに（人間やろうか）と思いました。その夜、一緒に寝て、その寝顔の美しさに立ちすくみました。その頃、私は同志社大学神学部で牧会者になるべく準備をしていたのですが、この寝顔との出会いが、私の行く道を変えてしまいました。大学を卒業し、大学院に行く試験がありました。その面接の時、問われました。

「卒業したら牧師になりますか」

「なりません。卒業したら、知能に重い障害をもつ子どもたちの世界に入ります」

面接をしている教授たちの顔色が変わりました。

「ここは牧師を養成する所だから、牧師にならなければ、大学院への入学はできません」

激しい論争の末、どうにか大学院に入りましたが、一学年の終わりに神学部長から呼び出しがあり、面接時の意志を変えていない私を確認すると、「牧師にならなければ学校を出てほしい」と、無理やりに退学をさせられてしまいました。悲しかった。くやしかった。

それから一年ばかり就職先を見つけることができず、困りきっている私を、ある知能に障害をもつ子どもたちの施設が、「給料はあまり出せないが、食べるだけだったら何とかなるから来なさい」と拾ってくれました。

私は、(人間やない子どもたちが可哀相《かわいそう》やから)(ごはんが食べられる)、こんないいかげんな思いでこの仕事に入りました。あれから数十年、この子どもたちと共に生活をしていると、その疎外の中で怒りや悲しみを深く感じ、私は変えられていきました。高慢な私が、この子どもたちを無視している自分に気づかされ、(自分の罪をお許しください)と謝り、その謝ったことを行動するようになりました。事実にぶつかるということには、自分が他者によって変えられていくという素晴らしさがあります。

宗教、教育、福祉の分野に入ろうとする若い人たちに「召命をもっていますか」「大変な仕事ですから、強い決心をしていますか」と言う人が多いようです。その中で、(自分は強いものをもっていないから、この仕事はできないのではないか)と迷う若い人たちに、私は、

「召命を感じなくても、疎外感や同情感をもっていても、弱くても、とにかく取り組んでみなさい。他者（キリスト、子どもたち）があなたを変えてくれます。素晴らしいものは、真理は、見えないものは、相手を変える力をもっているのです。私も、初めはいいかげんでした。そして、変えられた私が今ここにあります。安心して他者（キリスト、子どもたち）にまかせればよいでしょう」

と語っています。

止揚学園創立の頃

さて、二十七歳で止揚学園《しようがくえん》づくりを始めましたが、知能に重い障害をもつ子どもたちに対する周囲の理解が少なく、非難と誤解の中で歩まざるをえませんでした。生活に困り、料理屋さんから残飯をもらって飢えをしのぐという日々が続きました。こんな中で、私にも何人かの信仰深いクリスチャン女性との結婚話がおきました。しかし、私の極貧生活を目のあたりにすると、相手はしりごみをし、結婚はまとまりませんでした。私は（キリスト者って何なのかなあ。結婚はできへんのかなあ）と、孤独な思いをもちました。

三十歳で、十八歳の岡光子という女性に出会いました。クリスチャンホームで育った私と、お寺の娘として育った彼女は三年後に結婚をしました。

その後の結婚生活で、二人にはいろいろな対立があり、一言でいうと私たちは「喧嘩《けんか》夫婦」でした。「夫婦喧嘩はしたことがありません」「私たちの愛は永遠不滅です」などのことばを聞いたり読んだりすると、(奇跡や。うらやましいなあ。イエスさまと同じやなあ)と、そんな夫婦に深いあこがれを感じてしまいます。

男と女は人間として変わるところはありませんが、しかし大きな違いももっています。育ってきた環境も違います。その二人が一つになってお互いに理解し合うということは、至難の業です。その歩む道には、激しい、厳しい難関がいくつもあり、男と女の闘いといっても過言ではありません。もしも私たちが人間的な立場にしか立てなかったなら、妥協してあきらめるか、分裂して憎み合うかしか道はなかったでしょう。しかし、私たちにはキリストに与えられた信仰がありました。信仰というものには、正義だけでなく、相手を許す愛もあります。この許しや愛は妥協ではなく、お互いに相手を認め合いながら、二人が心を結び、力を合わせ、助け合う世界です。

信仰というものは、みにくさを美しくし、闘いを平和に変え、理解できないものを理解させ、許せないものを許させるという素晴らしい要素をもっているものなのです。

この頃、彼女はよく、

「私が二十五、六歳だったら、あなたの未来が心配で結婚しなかったやろうなあ。若かったので、恐《こわ》さも知らず、何も考えず、一緒になってしまったんやわ」

と言ってニヤッと笑います。そんな時、私も、

「若くてよかったなあ。僕みたいな男と一緒になれて」

と言ってニヤッと笑うことにしています。

一緒にあそぼう

人生はくり返されるということを深く感じる時期があります。

止揚学園には職員の子どもたちが十数人いますが、生まれた時から知能に重い障害をもつ子どもたちと一緒に食べたり、寝たり、遊んだりして、大きくなってきました。その子どもたちが保育園に行くようになると、まちに友だちができ、私たちの家に遊びに来るようになります。そして、止揚学園の運動場や砂場で遊んでいると、止揚学園の子どもたちも一緒に遊びたいので、近づいて来ます。すると、まちの子どもたちは「きたない」「こわい」と言って逃げてしまうのです。そんな時、職員の子どもたちが、

「止揚学園の子どもたちは、ちっともきたないことや、こわいことあらへんのに、なんでお友だちは逃げて行かはるのや」

と尋ねて来ますが、私は「まちの子どもたちは悪い子や」とも言えず、返事もできずに、じっと下を見ています。なぜかというと、まちの子どもたちが悪いのではないからです。その後ろに大人がいるのです。

父親が酒を飲みながら、「こら、勉強せえへんたら止揚学園に入れるぞ」と怒鳴ります。母親が「止揚学園の子どもたちはアホやから、一緒に遊ぶと勉強できへんようになって、高校や大学に行けへんようになるよ」と自分の子どもに注意をします。大人の人たちが「止揚学園の子どもたちと遊ぶと、自分たちの子どもが悪くなるから心配や」と語り合います。こんな中で、一度も止揚学園の子どもたちと遊んだことのないまちの子どもたちは、障害児の本当のことがわからず、両親や大人の言うことだけが正しいと思い込み、「きたない」「こわい」と逃げてしまうのです。そうした中で、私は職員の子どもたちに何を語ったらよいのでしょうか。

けれども不思議なことに、まちの人たちは私には、「障害児を無視しないで共に生きなければいけませんね」「愛が必要ですね」と言ってくださいます。この人間特有の本音と建て前という大人の精神二重構造にぶつかり、私は怒りや悲しみを感じてしまいます。そんな思いを、職員の子どもたちの心を知ってもらおうと、こんなうたをつくってみました。

こわいことなんか　少しもないのに
なぜ
すぐに　もどっておいで
ブランコで　あそぼうよ
おさない時から　みんな
仲良く一緒に　あそんでいたら
こわいことなんかない
だから　一緒にあそぼう
ぼくのともだちよ
つらくて　泣いている
はやくもどっておいで
砂山で　あそぼうよ
おさない時から　みんな
仲良く一緒に　あそんでいたら
こわいことなんかない
だから　一緒にあそぼう

職員の子どもたちは幼い時、私の小学生時期と同じように、まちの子どもたちにあまり遊んでもらえません。その現実に大きなショックを感じるのですが、何も言えず、何もできない私には、心に熱い涙をもちながら、未来への光を求めてキリストに祈るしか道がありません。そして、（いつかはきっと、すべての子どもたちが幸せになる日が来る）と確信をもち、待ち望みをもって歩んでいるのです。

この職員の子どもたちの体験は未来に明るい心のふるさととして、未来に花の開く日があることを、私は信じています。

「わが子よ、主の訓練を軽んじてはならない。主に叱られて気落ちしてはならない。主はその愛する者を訓練し、受け入れるすべての子に、むちを加えられるのだから。」

「すべての訓練は、そのときは喜ばしいものではなく、かえって苦しく思われるものですが、後になると、これによって鍛えられた人々に、義という平安の実を結ばせます。」

聖書（ヘブル一二・五、六、一一）に書かれているように、この幼い時の出来事は、キリストによって希望の日を来らせるのでしょう。

しかし、職員の子どもたちの悲しい顔に出会うと、私も悲しみが満ちあふれ、たまらない思いになります。もし私がキリストによって信仰が与えられていなかったら、これに耐えられず、挫折せざるをえないでしょう。
信仰とは、忍耐と継続を、悲しみと喜びを与えてくれるものなのです。

見えないものを一番大切にして

福井光子

弱い時こそ強いのである

悲しみで心が満ちあふれた毎日です。

私は止揚学園《しようがくえん》という施設で、精神年齢一歳ぐらいの知能に重い障害をもつ子どもたちと共に、五十年以上歩んできました。

日本という国は、キリストや聖書、愛や許《ゆる》しを観念的に語る人たちが多く、キリストや聖書を生き、悲しんでいる人たちと具体的な連帯をもって祈り、行動する人たちが少ない現実がありますから、障害児を出産すると、個人だけで、家庭だけで問題をかかえて苦しむことが多くなってきます。特に、その子どもを母親だけがみて、夫は協力的でないケースが多いのです。

過去には、その苦労を昇華《しょうか》しながら、子どもを絆《きずな》にし、妻と力を合わせ、強く生きようとする夫が多かったのですが、このごろは、障害児が生まれると、その厳しい家庭環境に耐えられず、「昼間、仕事に疲れ果て、家に帰ると、子どものことで家庭が暗く、しんどいのです」と語って、一方的に子どもの責任を妻に押しつけて逃げ、離婚する若い夫が増えています。離婚された母親は障害児と生きることに疲れ果てて、ついその子どもの生命《いのち》を冒してしまうということも起きています。

神に与えられた大切な生命を冒した母親はまちがっていると思いますが、しかしこの母親をここまで押しつめた冷たい人間たちがいて、その中に私もいたのです。私も子どもの生命を冒した一人です。こんな時、あなたの苦しみと共に生きられなかった私を許してくださいと、深い謝りを感じ、悲しみに耐えられなくなります。

また、毎日のように障害児をもった若い母親が相談に来ます。その涙に心が熱くなり、「ご主人にも相談しておられますか」と尋ねると、「うちの人はだめです。たいへんなことが起こると逃げてしまって、いっしょに苦しみを担ってはくれません」という答えが返ってきます。

こんな時私は、〝日本は女性が悲しむことの多い国だなあ。でも男性がいざという時に防壁になって試練と闘ってくれたら、女性がこんなに苦労しなくてよいのに。日本の男性はなぜこんなに弱くなってきているんだろう〟と、たまらない気持ちになります。しかし、これは私たち女性にも責任があるように思います。

このごろ、結婚する時、表面的な優しさや現象面的な自分の幸福を男性に求める人たちが増えているように思います。しかし、この優しさは、時には弱さ、要領のよさ、ずるさに通じます。だから建て前的に優しい男性の多くは、厚い壁にぶつかった時、それに立ち向かう勇気や決断が欠けていて、逃避してしまうのではないでしょうか。真に優しい男性は、悪に対して立ち向かい、さばく厳しさと、それを許す、温かくて優しいものをもっているものです。

聖書を読みますと、キリストは温かくて優しい愛をもっておられましたが、悪に対しては、絶対に妥協せず、厳しい正義でさばかれたとあります。すなわち愛と正義という両面をもっておられたのです。だから、私たちはキリストを信じ、安心し、従い、任せ、共に歩ませてもらえたのだと思います。

このことを知った時、信仰を与えられた私たちの結婚は、表面的に見えるものや優しさのみを相手の条件にするのでなく、激しくて、厳しくて、温かくて優しいもの、見えないものを豊かにもった男性を求めることが大切なんだなあと思ったことです。

でも、障害児をもって、ひとりで苦しんでいる母親に出会いますと、夫婦というものは、助け合うべき時になかなか助け合えず、その絆はもろいものだなあと、ふと寂しさを感じます。しかしそんな時、いや、そうではない、人間的な思いで結ばれた夫婦は弱いが、キリストによって結ばれた夫婦は強いのだと、心で叫んでいます。

人間は有限で限界があり、できることはでき、できないことはできないものです。そこでどうしても解決できない問題にぶつかった時、それを解決することは不可能だなあと、あきらめてしまう合理的なものをもっています。

人間は弱いのです。しかし、聖書には、「私が弱いときにこそ、私は強いからです」（Ⅱコリント一二・一〇）、「何も持っていないようでも、すべてのものを持っています」（同六・一〇）と書かれています。有限で弱い人間に、信仰という見えないものが与えられた時、無限が与えられ、不可能が可能になり、どんな困難なことにも挑戦できる力が与えられるものです。だから、信仰をバックボーンにもった夫婦というものは、お互いに助け合い、力を合わせながら、どんな困難にも立ち向かうことができるのです。それを私は、障害児と共に生きるなかで何度も体験させられてきました。

その体験、キリスト者として、妻として歩んできた道のりを書いてみようと思います。

見えないものを

夫の福井は、滋賀県にある近江兄弟社という、キリスト者の群れのクリスチャンホーム

結婚前に止揚学園を訪れたとき

で育ちました。私は香川県の浄土真宗寺院の娘として生まれ、高校時代に洗礼を受けました。その時、僧侶をしていた祖父が、「おまえは極楽に行けないだろう。でも数珠《じゅず》を持っていたら、行けるかもしれない」と言って、涙を流しながら数珠を一つ手渡してくれたことを、今懐かしく思い出します。

十八歳の時、開園したばかりの「知能に重い障害をもつ子どもの施設・止揚学園」を訪ねて、多くの人たちから非難を受け、生活もできず、料理屋さんから残飯をもらって、飢えをしのいでいた福井と出会いました。訪れた時、古寺を改造した小さな建物の窓から、一人の男性がぼんやりと外を見ていました。私は、入園している知能に重い障害をもつ人だなあと、心臓をどきどきさせながら玄関を入り、「ごめんください」と声をかけると、「オー」と大声を出して出て来たのが、先ほどの男性でした。〝どうしよう。この知能に重い障害をもつ人に話をしてもわかるかなあ〟と思ったのですが、それが福井でした。

その時の印象は今も忘れられません。着ている服のボタンの色が全部違っていました。

ボタンなど買えないので、あるボタンをつけていたのです。昼食には、ソーセージが一本しかなく、それを二人で食べました。あまりの貧しさに驚いたのですが、福井は平気な顔をしていました。その時の活《い》き活きとした明るい笑顔の美しさは、今でも不思議でたまりません。

それから何度か会い、福井が私に「結婚しよう」と言ったのは、新島襄先生（同志社の創立者）のお墓の前でした。お金が少しもないので、お金がいらなくて、すばらしい雰囲気の場と考えて、そこを選んだのだそうです。お墓に着くと、福井は、「新島先生と僕《ぼく》の母が好きやった讃美歌を歌うで」と言って、

主よ　みもとに近づかん
のぼる道は十字架に
ありともなど悲しむべき
主よ　みもとに近づかん　（三二〇番）

と音痴の大声で歌い、聖書を読み、祈り、

「今まで何度も恋愛や見合いをしたんやけど、僕の貧しい生活を知ると、みんな結婚を断

ってきよった。その中のほとんどの女性はキリスト者やったけど、僕の、見えない心の中にある、キリストに与えられた信仰や、温かいものや、障害児に対する熱い思いより、見える貧乏な生活のほうが心配で、僕とはいっしょになれへんのやろう。悔しかったなあ」

そんなことを話した後、

「この貧しい生活はいつまでも続くやろうなあ。結婚しても、何も買ってやれへんやろうし、自分だけの幸福を願う生き方はしとうないから、苦しいことや悲しいことが多いやろう。そやけど、君が死ぬ時、僕といっしょになって、やっぱしよかったなあと思えるような結婚がしたいんや。見えるものは滅びるけど、見えないものは滅ばへんと、聖書に書いてあることを信じて結婚せえへんか」

と、ぶっつけ、いろいろと自分の将来の理想を激しい情熱で語り続けました。

私は、福井の貧しい生活を思うと、やはり不安はありました。しかし、その一途《いちず》な熱いものが心に響き、その瞬間、見えないものを信じ、できるかできないかという人間的な思考の世界を捨て、やるかやらないかという行動で聖書を生きよう、そして結婚しようと決断をしていました。

決断というものは、ある出会いの瞬間になされるものです。素晴らしいものに出会った時、ああではない、こうではないと考えると、決断はどこかに去り、悩みと迷いだけが残るものです。そして今も聖書を生きるということは、難しい人間的な屁理屈《へりくつ》を言って、青白い顔で悩み、思考することではなく、キリストにすべてを任せ、活き活きと行動していくことだと信じています。

さて、キリスト者で貧乏人の男性と結婚するということに、自分のみの小市民的幸福を願う私の家族や親戚は大反対でした。暗い、つらい時が過ぎていきました。

最後は、「結婚させてくれへんたら、本堂に座り込んでハンガーストライキや」と、福井が私の実家の寺に乗り込んで来て、その行動に家族が押し切られ、しぶしぶ結婚が許されました。

結婚をしたのは二十一歳の時でした。キリスト者の群れと寺という、全く環境の違う所で育った二人が結婚したのですから、理解し合うことの難しさに、いろいろな茨《いばら》の道がありました。しかし、若さがそれに負けない心をもたせてくれました。

今から考えると、ほんとうに若かったと思います。けれども若かったから、あまり悩まず、とらわれず、聖書とキリストに従い、結婚に踏みきり、今日まで歩めたとも言えます。

開園当時の止揚学園

若いということは、深い、熱い心がもてるものです。

キリストの笑顔が消えてしまう

結婚をして知ったことは、福井は頑固で不器用、短気でわがまま、子どもっぽくて弱虫、良く言えば、純粋で単純、熱い心と涙をもっている人だということでした。しかし、初めのうちはどうしても目に見える激しくて厳しいところだけが目につき、たまらない思いの中で夫婦げんかが続きました。それも陰湿なものではなく、大声で言い合い、茶わんが飛び、物が壊れるという陽性のけんかでした。

でも、不思議なことに、相手を避けて物を投げますから、けがをすることもなく、最後は疲れ果て、時には何となくおかしくなってゲラゲラ笑ってそれで終わります。その後で保育士さんたちから、「すごいダイナミックな遊びでしたね」と大笑いされ、夫婦で顔を見合わせることも何度かありました。

夫婦げんかというものは、陰湿にするものではなく、陽性にするものです。そうすると、けんかが終わるたびに二人の心が結ばれます。けんかが一つ一つ過ぎていくたびに、相手への理解が育ちます。

私たちの結婚生活は、けんかと貧しさの中から始まりました。しかし、福井はそんなことには全く無頓着。心の中は障害児のことでいっぱいです。そして家庭のことや私のことは振り向きもしません。私は貧しさと福井の激しさにだんだんと疲れ果ててしまいました。

「今は施設をつくるのに、競輪、競馬、競艇などからお金がもらえるのだから、それをもらってください。そのほうが楽だし、合理的ですよ」

と、つい言ってしまいました。途端に福井の形相が変わりました。

「そんなことはできへん。僕は賭け事で苦しめられて、涙を流したり、生命を冒されたりした人たちをたくさん知っているんや。涙が流れ、生命が冒された悪のお金をどうしてもらって使えるんや」

「悪のお金でもそれを善のために使えば、みんなが幸福になるのではないですか。利用するものは利用したほうが得《とく》でしょう」

「そういう考え方もあるやろうけど、そんな器用な、合理的な考え方は、僕にはどうしてもできへんのや」

と叫びました。こんな時、〝もっと楽にものを考えたらよいのに。この人の生き方では大きな建物をもった施設はつくれないなあ。少しは疲れている私のことも考えてくれたら。なんて冷たい人だろう〟と、カッカとしてきます。

こんな福井ですから、自分のことは何もできない弱虫なのですが、障害児の生命が冒されると、人間が変わったように、妥協せず、誤解と非難の中で、いつも少数派として生きています。その姿に、またたまらなくなります。そしてその重荷は私にもかかり、福井の跡始末に走り歩き、疲れ果てます。

たまらなくなって、

「もう少し妥協をして、円満な生き方をしたほうが、多くの人たちに好かれ、受け入れられるでしょう。私のことも少しは考えてください」

と言いました。

「この子どもたちの後ろには、キリストが立ってはるんや。そやから子どもたちの生命が冒されることは、キリストの生命が冒されることなんや。今、妥協したらキリストや子どもたちの笑顔が消えてしまうやろう」

と語って、そのあと自分の母親のことをよく私に話しました。

福井の母親は、第二次世界大戦の時、キリスト者として戦争に反対し、非国民として孤独な歩みをしました。敗戦後、多くの人たちが平和を唱えるようになりました。

そんな時、彼女は、

「戦争中にこれだけ多くの人が戦争反対を叫んでくれていたら、戦争は起きなかったでしょう。しかし、多くの人たちは沈黙していました。そして今、『戦争に反対だったので黙っていました』と言っていますが、沈黙したことは戦争に協力したことです。あの時平和を叫ぶと、自分が苦しみを負い、損をするので、多くの人たちは沈黙をしてしまったのではないでしょうか。今、平和と騒ぐことはしんどいことではなくなりました。だからみんなが、戦争は反対だと言います。しかし、また戦争が始まれば、この人たちの多くは沈黙をしてしまうのではないでしょうか」

と、自分の子どもたちに語り、とても寂しそうだったということです。

福井がこの話をする時、おそらく私に、こんな女性、妻になってほしいという、彼の願いが秘められているのだろうと思います。彼は母親の話をした後でこう言いました。

「聖書の真理に忠実に従うことは、孤独で寂しいもんや。でもこの孤独や寂しさはキリストから与えられたもんやから、強く活き活きと生きるエネルギーに変えられるんや。母の生き方を通して、僕はそのことを感じ、教えられてきたんや。キリストや障害児と共に生きることは悲しいことや。そやから楽しいんやで。今、僕は多くの人たちから悪口を言われているけど、君の言う円満な人格的生き方をしたら、多くの笑顔が消えてしまい、僕もだめになってしまうやろ。君もしんどいけど、がんばって、お互いにキリストに任せて歩んでいこうや」

草は枯れ、花は散る。しかし……

このような福井のことばには、私の弱い心に厳しいものがぶつかってきますが、不思議な説得力と魅力があります。だから、つい乗せられて、その気になり、がんばらなければと思ってしまうのです。その説得力は、信仰と障害児を思う熱い涙から生まれてきたものです。だから私の心をゆさぶるのです。

不思議です。こんな夫婦の会話をしていると、人間的な考え方や見えるものだけを求めて暗かった私の心が、急に明るくなり、〝何もしないで後悔するよりも、聖書によって与えられた真理を一途に行動し、何もできなかったことのほうが深い意味があるのだなあ、そうだ、不可能に向かって挑戦してみよう〟という決意をもたされてしまうのです。

私たちの夫婦生活を振り返ってみて、人間的なとらえ方や考え方のみをしていたら、非難ばかり受けている福井が信じられず、疲れ果て、悩み、この人は将来性がないなあ、私の立場を少しも理解してくれない男性だなあと、何度も離婚の危機が訪れ、夫婦のもろさにぶつかっていたと思います。

しかし、人間的に見ると、苦しいこと、悲しいこと、シンドいこと、ひどいこと、不幸なこと、自分にとって損なこと、もうこれ以上できないと思うことが、信仰と聖書を通して見ると、明るいこと、素晴らしいこと、温かいこと、人を潤《うるお》すこと、可能にさせられることなどと、反対になることが多いことを知りました。そして私たち夫婦が、大切な一つのことを決断する時、必ず目に見えないものが大きな力を発揮してくれました。

聖書に「見えるものは一時的であり、見えないものは永遠に続くからです」（Ⅱコリント四・一八）と書かれていることは真実だなあと、シミジミと思っています。

こんな夫婦のぶつかり合いの中で、このごろ少しずつ少しずつ、福井がなぜ頑固なのかがわかり始めています。そして、この頑固さを大切にしなければと思うのです。

頑固さには、自分のために、自分を守るためにもつ頑固さと、キリストから、信仰からもたらされる頑固さがあります。前者の頑固さは醜いのですが、後者の頑固さは美しいものです。

私たち夫婦が人間的なものを優先していた時、見えるものだけが目につき、感情的になることが多かったのですが、その中に聖書が入ってくると、見えない温かさ、優しさ、美しさが、私たちの心に響いてくるようになりました。夫婦で見えるものばかりを求めていると、刹那《せつな》的になり、投げやりで無気力になり、惰性的な生活を送りがちになります。

見えないものを見つめると、困難なことにぶつかった時、夫婦で心を合わせ、手を結び、お互いに力を合わせる糧《かて》が与えられます。見えないものは、むだなもの、役に立たないものと人間は思いがちですが、危機に立った時、それが大きな力になります。

このことがわかるためには、結婚してから長い歳月が必要でした。夫婦というものは、長い長い歴史の歩みの中で、ぶつかったり、支え合ったり、疑ったり、信じたり、いろいろなことに出会いながら、一つのものを創《つく》り出していく世界なのではないでしょうか。

このごろ私たち夫婦は、偉い夫婦よりも立派な夫婦にという生き方を大切にしようと話し合っています。物やお金、人間的な世界、地位や財産という見えるものをたくさんもった偉い夫婦になるよりも、信仰、心、理想、情熱などの見えないものを豊かにもった、立派な夫婦になることのほうが、優れた夫婦の歩みだと思えてならないからです。もちろん偉い夫婦の中にも、立派な夫婦はいると思いますが、偉くない夫婦の中にも、立派な夫婦はいるものです。

夫婦というものは、善きにつけ、悪しきにつけ、その歩みを通して、一筋の道を、足跡を残すものです。だからこそ聖書に従う、キリストに従う道を、足跡を残すことは、素晴らしいのではないでしょうか。

「人はみな草のごとく、その栄華はみな草の花に似ている。草は枯れ、花は散る。しかし、主の言葉は、とこしえに残る」（Iペテロ一・二四、協会訳）。

私たち夫婦は、主のことば（見えないもの）は永遠に残るものだということを信じて、これからも共に歩み続けます。

永遠に続くもの、それは愛

最も大いなるもの

「知能に重い障害をもった子どもたちの後ろにはイエスさまが立ったはる」と信じ、歩み、六十年が過ぎました。

二十歳の時、四人の子どもたちに出会いました。二人は座敷牢《ざしきろう》に、一人は天井裏《てんじょううら》に、あとの一人は牛のいなくなった小屋に穴が掘ってあって、その中に入れられていました。それを見た時、感情が抑えられなくなった私は、

「なんてひどいことをしているんや」

と怒鳴りました。側《そば》にいた母親が、

「この子を外に出すと石を投げられ、アホとからかわれ、自動車の前に飛び出しても、それを防いでくれる人は少ないのです。この穴の中に入れられている時だけ、生命《いのち》が守れるのです」

と目に涙をあふれさせて訴えました。愕然《がくぜん》として、（両親に愛情がないのやなく、周囲の冷たい日本人たちによってこの子は穴の中に入れられていたんやなあ。その「たち」の中に僕《ぼく》もいたんや。そやから、第三者の立場で怒ることができたんや）と自分の心の冷酷《れいこく》さを教えられたのです。この時、（この子どもたちに僕が謝らんとあかんのや）と心が熱くなりました。

さて、「謝る」ということはどういうことなのでしょうか。ことばで「ごめんなさい」というだけなら、だれにでもできます。しかし、これで本当に謝ったことになるのでしょうか。「真の謝り」とは、謝ったことをそれ以後、どのように行動に表すかということです。その行動のエネルギーが「愛」なのです。

「たとえ山を動かすほどの完全な信仰を持っていても、愛がないなら、私は無に等しいのです。たとえ私が持っている物のすべてを分け与えても、たとえ私のからだを引き渡して誇ることになっても、愛がなければ、何の役にも立ちません」（Iコリント一三・一〜三）と聖書に書かれているように、愛のない謝りは無意味なものなのです。

この聖書の箇所の終わりに、「いつまでも残るのは信仰と希望と愛、これら三つです。その中で一番すぐれているのは愛です」（同一三節）とありますが、「信仰」と「希望」はイエスさまから自分に与えられるもので、自分が得《とく》をするものです。しかし、「愛」は自分が他者に与え、損をするものです。だからこそ、愛は最大のものなのです。

私は「謝る」ということは、自分が損をすることだということを、聖書をとおして教えられました。「謝る」とは、愛によって自分が損をし、それを行動に示すことです。そのことが心に響いた時、（この四人の子どもたちを太陽の輝く場に出す責任が僕にあるんや）と心が燃えました。そして、止揚学園《しようがくえん》づくりを始めました。

そこは、琵琶湖が近くに見える静かな村でした。

知能に重い障害をもった子どもたちの施設ができることを知った村の人たちから「平和が乱される」と反対運動がおき、私は何度も皆の集まっている公民館に呼び出されました。そこでは「女性がおかされる」「農作物が荒らされ、物が盗まれる」「村のイメージが悪くなる」などの意見が出され、施設づくりを思いとどまるように勧告されました。耐えられなくなった私は、

「この中で知能に重い障害をもった人たちに乱暴された女性はいやはりますか。農作物を荒らされたり、物を盗まれたりした人たちがいやはりますか」

と尋ねると、

「そんな経験はありません」

と口々に返事が返ってきました。

「経験もあらへんのに、どうしてこの人たちが恐《こわ》いのですか」

皆が急に黙りました。しばらくすると、

「知能に重い障害をもった人たちはいろいろな所から恐いと聞いています。だから恐いのです」

と一人が答え、「そうだ、そうだ」という野次が席上からあがりました。「知能に重い障害をもった人たちだから恐い」という「だから」ということばの恐ろしさを知りました。

この時、「知能に重い障害をもった人たちだから恐い」、このことばは、そうでないことも真実のように多くの人たちの心に響いてしまいます。本当にそうなのでしょうか。

「だから」ということばには、人間の思いこみや誤解がたくさん含まれています。そして、そのことを体験しない人たちが、このことばによって惑わされ、それが次から次へと伝わっていく間に真実化してしまうのです。このように「だから」は、間違ったものを正しいと媒介することばなのです。

私は長い間、知能に重い障害をもった子どもたちや人たちと共に生きてきましたが、まだ一度も女性に乱暴した人に出会ったことがありません。私たちと同じような汚れた心で農作物を荒らしたり、物を盗《と》ったりした人たちを見たことがありません。にもかかわらず（この人たちだから悪いことをするのは当たり前だ）と考えている人たちがあまりに多いことに、私は深い悲しみや怒りをもっています。村人たちの非難に遭《あ》い、その無理解に絶望を感じ、たまらない思いに何度もかられました。そんな時、

「様々な試練にあうときはいつでも、この上もない喜びと思いなさい。あなたがたが知っているとおり、信仰が試されると忍耐が生まれます」（ヤコブ一・二、三）という御言《みことば》が大きな力になってくれました。そして、私はこの子どもたちや人たちへの疎外に対して、その間違いを語り、多数の人間の知恵には屈しませんでした。そして、その中で耐えることを学び、知りました。

待ち望みつつ

嵐の中で止揚学園が生まれ、長い歳月が過ぎました。その間、毎日、まいにち（知能に重い障害をもった子どもたちや人たちが胸を張って歩ける社会が来るんや）と待ち望みましたが、今日までその日は来ませんでした。

「待つ」と「待ち望み」には本質的な違いがあります。「待つ」は、だれかが何かを作り出すのを待って、それを利用するという客観的、消極的な姿で、人間的思考から生まれます。「待ち望み」は、闘い、前進し、試練に出会っても恐れず、希望を捨てません。そし

止揚学園の開園式で

て、具体的、積極的で、不可能だと思われるものになお可能性を確信し、継続して取り組む行動をもっています。これは信仰から育つものなのです。

聖書には、「待ち望み」ということばがよく出てきます。

「待ち望め　主を。雄々しくあれ。心を強くせよ。待ち望め　主を」（詩篇二七・一四）というような叫びに出会うと、（なんて激しい信仰の叫びやろう）と私の心が震え、燃えるのです。「待ち望み」は、このような熱いものを私に与えてくれました。

さて、止揚学園の開園式の夜、祈りの時をもちました。私は、

「この子どもたちや人たちが必ず就職や結婚ができ、まちの中学校を卒業できる日をイ

エスさまが与えてくださる。だから、その日まで頑張ろうな」と祈りました。しかし、今日まで一人も就職や結婚をしていません。一人も中学校を卒業していません。「していません」ではなく、この子どもたちや人たちを疎外《そがい》し、受け入れない社会や私たちがあったのです。

この頃、このようなことを語り、文章にすると、若い人たちから、「マスコミの報道で、障害をもった人たちが自立し、活《い》き活きと生きている姿がよく記事になったり、映し出されたりしています。国もいろいろと対策を考えているようだし、この人たちの未来は明るいように思えます。その中で、福井さんは現実を暗く見過ぎ、被害者意識が強過ぎるのではないですか」

と言われることが多くなってきています。先日も、ある大学の先生から、

「毎年、クラスの学生に福井先生の本を何冊か読ませ、レポートを提出させていますが、過去は〝差別の恐ろしさ、生命《いのち》の大切さを教えられ、感動した〟と述べる学生が多かったものです。しかし、この頃は〝この著者は被害者意識が強過ぎる〟という意見が増え、若者の意識が変化してきていることを教えられ、考えさせられています」

という手紙を受けとり、(僕は、ほんまに「被害者意識」が強いんやろうか。そうやあらへん。この人たちは表面的なものだけで考え、現実を知らへんのや) と思えてなりません

でした。

知能に重い障害をもった人たちや子どもたちが、どのような現実をもっているかを書いてみます。

この頃、私たちがまちを歩くと、「水子供養」という文字によく出会います。妊娠後、胎児検査を受け、その子どもが障害をもっていることがわかると、多くの夫婦は悩み（人工中絶をしよう）と考えます。そして、それにふみきる人たちがいて、その後、良心の呵《か》責《しゃく》に耐えかね、「水子供養」をする人たちもこの中に含まれています。

確かに、「水子供養」は両親の心を安定させるには意味があるかもわかりません。しかし、金を出し、経《きょう》を読み、仏像をもらうことで天にいった子どもたちが許《ゆる》してくれるのでしょうか。私は否と考えています。

でも、人間は弱いものです。頭で（生命《いのち》を無視することは悪だ）とわかっていても、苦悩に出会うと自己本位になり、間違った行動をしてしまいます。そんな時、「水子供養」で安心するのではなく、それ以後は隣の家に障害をもった子どもやその家族が住んでいれば、その人たちがもつ苦悩を共に担い、歩む行動を示してほしいのです。その時、子どもたちが許しを与えてくれるのではないのでしょうか。しかし、イエスさまが本当に喜んでくださることは、「水子供養」ということばが総《すべ》てのまちから消えることなのです。

ある時、私は人工中絶のスライドを見たことがあります。子宮の中に機械や薬が入って来ると、羊水の中に浮かんでいた胎児が必死に逃げ回るのです。その時、「大切な生命をもっている。殺さないでくれ」と叫んでいる声が私には聞こえ、思わず目を閉じてしまいました。

生命はだれも奪うことができない大切なものです。イエスさまもおかされませんでした。そんな深いものを人間が無視していくということは、なんと恐ろしいことでしょうか。合理的、科学的な人間の知恵が生命や尊厳を奴隷にし、非合理な真理を大切にしなくなった時、地球は滅びる時だと思えてなりません。

さて、「おめでとう」という祝福の声で子どもが誕生します。しかし、その子どもが障害をもっていると、涙と沈黙、慰めと励ましが周囲をおおい、祝福は影をひそめてしまいます。悲しいことです。

私たちの多くは、障害をもった子どもたちや人たちを（役立たない、人間を悪くさせる存在だ）と考え、（このような子どもが生まれることは大変で、恥ずかしい）という意識をもっています。本当に「障害」というものは悪く、恥ずかしいものなのでしょうか。

「御子イエスの血がすべての罪から私たちをきよめてくださいます」（Ⅰヨハネ一・七）と聖書にあるように、イエスさまは人間の悪いもの（罪）を総《すべ》て背負って、十字架にかかり、きよめてくださったのですから、私たちに悪いものを与えられるはずがありません。
私は聖書をとおして、「障害」は悪ではなく、その人の特性、個性、人格であるということを教えられました。私は知能に障害をもたないという特性を、知能に障害をもった子どもたちや人たちは知能に障害をもったという特性を、イエスさまから与えられたのです。そして、両者がお互いにその特性を大切にし合うことによって一つ思いになって、共に歩むことができるのです。

「障害」というものは、悪でも、恥ずかしいものでもありません。イエスさまが与えてくださった賜物《たまもの》なのです。イエスさまにあって誇りとするものなのです。しかし、このような考え方は、多くの人たちの中にまだ定着していません。このため、胎児の時、出産の時から知能に重い障害をもった子どもたちや人たちの生命、そして尊厳は守られることが少ないのです。

数十年の間、生命を無視する人たちに怒りや悲しみをもち続けてきた私は「被害者意識」が強いのでしょうか。

見えないものを担ぐ

次のようなことも考えてみたいことです。

ある時、「企業の社会貢献について」というテレビ番組で障害者雇用の問題が取り上げられました。そこに出演した大学の先生が、「アメリカの大企業は〝自分の会社の利益を自分たちだけの幸福《しあわせ》に使うことは古い考え方である。そこから脱却して、その利益を社会に還元することが、これからの企業の役割でなければいけない〟という意見をもち、その利益を障害者雇用のために使っている……」というような評論をされました。

その後、障害をもった人たちが「私たちは企業に支えられ、自立している」と語り、職場で働いている姿が映し出されました。これを見ていると、アメリカの障害をもった人たちへの取り組みは明るい方向に向かっているようです。でも、私の心は滅入ってくるのです。なぜかというと、そこに出演する人たちはみな、何か生産的なことができる人たちだからです。率直に言うと、「企業に役立ち、利益をもたらせる人たち」なのです。そして、そこにはコンピューターや機械は使えず、車椅子を自分で動かしてひとりでアパートに住むことができない重い障害をもった人たち、すなわち、「企業に利益を与えることができない人たち」は少しも顔を出さないのです。

これを見ながら、（資本主義、合理主義社会の中で、企業が損をするはずはあらへん。もし損をするんやったら、それは「企業」やなく、「福祉」やものなあ。アメリカでも重い障害をもった人たちは捨てられているんやなあ）と悲しくなってきました。

このことは日本でも同じです。「知能に重い障害をもった子どもたち、人たち」は今、「障害をもった人たち」からも捨てられています。

現代は大別して、「知能に障害をもった人たち」「知能に障害をもった人たちから捨てられている、知能に重い障害をもった人たち」、そして「知能に障害をもたない私たち」、この三つのグループに分かれ始めています。

「知能に障害をもった人たち」には、私たちと同じように見えるところで何かができ、できることを大切にして、能力、生産中心主義的な生き方をする人たちが多く、文章や絵、詩が書け、発言ができて、自分の意志を他者に伝達することができます。中には、「障害を克服した」と感動的に語り、涙を流させる人たちもいて、私たちはそこから生きるための利益や糧《かて》を与えられ、得《とく》をえさせてもらいます。また、このグループの人たちの生き方や考え方は私たちとよく似ていて、理解し、共に歩みやすく、自然につながりも強くなります。そして、（この人たちがこんなに真剣に生き、自分で立とうとしている。その人たちのために私たちは祈り、励まし、歩んでいる。障害をもった人たちは明るく前進しているではないか）と感じる人たちが増えてきています。

ここに深い落とし穴があります。それは、「障害をもった人たち」のグループが壁になり、「重い障害をもった人たち」のグループが見えなくなり始めているからです。

忘れられているグループの人たちは、合理的、現象面的なところからとらえると、私たちに何の利益も与えず、総て損をしなければなりません。こんな時、私たちは逃げ腰になり、この人たちの見えないものを見ることを忘れてしまいます。しかし、聖書には、「私たちは見えるものにではなく、見えないものに目を留めます。見えるものは一時的であり、見えないものは永遠に続くからです」（Ⅱコリント四・一八）と書かれています。私たちは見える現象面的なものに目をとられるのでなく、見えない本質的なものを大切にする行動が必要なのです。

見えるものは合理的で理解しやすく、楽に受けとれ、スピードも速く進んでいくことができます。しかし、見えないもの（例えば、生命それは地球の重量よりも重たいほど大切なものだと言われています）を担げば重くて、足がヨロヨロし、現代の進む速さについていけなくなります。そして、多くの人たちから取り残され、孤独にさせられてしまいます。これが恐ろしいので、私たちは見えないものを無視して、見えるものに従ってしまいます。

これでは本当に大切なものが守れません。キリスト者、教育者に真に必要なことは、この合理社会の中で立ち止まる勇気と決断をもって、多数側に立ち向かうことです。その勇気をもつ者は、不特定多数のだれかではなく、「私」「あなた」なのです。でも、人間のもつ主義や知恵では、徒労や損にかけることはなかなかできないものです。

「ですから私は、キリストのゆえに、弱さ、侮辱、苦悩、迫害、困難を喜んでいます。というのは、私が弱いときにこそ、私は強いからです」（Ⅱコリント一二・一〇）と聖書が述べているように、私たちは幸福《しあわせ》です。人間は弱くても、キリスト者は強いのです。イエスさまが側《そば》に立って支え、真理を大切にする信仰を与え、それを行動させてくださるのです。イエスさまが側に立って支え、教育者は強いのです。子どもたちが、何が真実であるかを教えてくれます。だからこそ、私たちは見えない非合理なものに従っていくことができるのです。

確かに、「障害をもった人たち」のグループの問題は明るい方向に進め、これからももっともっと深い愛をもって取り組んでいかなければなりません。しかし、「自分たちに利益を与えてくれる人たち」と共に歩むことで安心しているとするならば、「重い障害をもった人たち」のグループは片隅に押しやられて、疎外が強くなってしまいます。

この現実を私たちは真剣にとらえ、総ての障害をもった人たちが生きていける社会づくりを目指すべきです。

イエスさまは、表面に出てくる偉い人たちや、自分が得をする人たちと歩むことは少なく、その人たちから捨てられ、悲しんでいる人たちと共に歩まれた方でした。行動をとおして愛を示してくださった方でした。私たちキリスト者、教育者は、イエスさまや子どもたちに従うべきであって、自分に従うべきではありません。

今、知能に重い障害をもった子どもたち、人たちが忘れられています。（この人たちと共に生きる人たちが出てくれたらよいのになあ）こんな祈りを毎日、もち続けています。

どうか私を「被害者意識」が強い人間だと考えないで、現実を直視してください。

この頃、私の心の中に（愛、それはきれいなことばではなく、祈りから生まれる温かくて、美しい行動です）という思いがよく響いてきます。この歩みを大切にしようと、毎日言い聞かせています。

優しい地球が育つとは

人よりも人間を育てる

今、私たちが住んでいる日本は「人」が増え、「人間」が少なくなってきています。自分、家族、親戚《しんせき》、友だちの幸福《しあわせ》や結束を求めたり、交わりをもったりしても、自分に関わり合いのない他者にはあまり関係や関心をもたない生き方をしている者たちを「人」といいます。人が集まって、助け合ったり、関連をもったりして歩んでいる人たちを「人間」といいます。

聖書は、

「あなたの隣人を自分自身のように愛しなさい」（マルコ一二・三一）

「あなたがたも互いに愛し合いなさい」（ヨハネ一三・三四）

と、人よりも人間として生きる大切さを教えてくれています。しかし、現代はその歩みからはずれ、未来に闇《やみ》をもたらしています。

先日、ある幼稚園へ講演に行きました。園舎に入ると、一人の先生から、

「〝ボスがきた〟という絵本をビデオにしたので見ていただけませんか」

と声をかけられました。

止揚学園《しようがくえん》から、（総《すべ》ての生命《いのち》を大切にする優しい地球が生まれ、育ってほしい）という思いで十冊の絵本が出版されています。

『ボスがきた』は、青森からもらわれてきた小犬「ボス」が親犬から離されたその悲しみを、施設に入れられた一人の子どもが自分の生活を通して、心の思いとダブらせ、温かい交わりを育てていく、そして、小犬ボスが天国に召され、その死をとおして、愛がいっぱい、いっぱいある社会は総てを豊かにしていくことを訴えた絵本です。

私がテレビの前に座ると、スイッチが入れられ、きれいな絵のビデオが映し出されました。しばらく見ていたのですが、なぜかだんだんと心が寂しくなってきました。そして、（絵本というものは子どもたちに肉声で読み聞かせるものとちがうのかなあ）と疑問がわいてきました。

子どもたちに絵本を読んでいます。目をキラキラ輝かせて聞いています。

「その小犬さん、どうしたの」

と子どもが尋ねます。

「シー、静かに、しずかに。よく聞いていたらわかるよ」

と答えます。

こうして対話が生まれ、人間の関係が育っていきます。

しかし、ビデオの絵本は質問をしても、答えは返ってきません。子どもたちは寂しくなって沈黙してしまいます。この子どもたちが大きくなっていった時、対話ができず、自分の世界でしか生きられない「人」に育ってしまうのではないでしょうか。

確かに、ビデオを見ることによって知識を植えつけ、頭を賢くする勉強はできます。しかし、絵本は知識をもたせるとともに、人と人の関係を作り、育て、「人間」を生みだす教育という深いものがあります。

私たちは、勉強こそ教育の総てだと考えがちです。しかし、勉強は教育の一部門で、総てではないのです。「勉強」は方法や技術、学問を駆使《くし》して知識を与え、科学的に子どもたちを「人」に発達させますが、「教育」は勉強という合理的なものを司《つかさど》る非合理な心をもって、子どもたちを「人間」として育てるものです。

絵本は、勉強という要素をもつとともに、子どもたちに教育を通して「心のふるさと」という豊かなものを与え、育てるものなのです。ビデオの絵本だけでは勉強はあっても、教育は不在になり、人としての発達形成はあっても、人間としての育ちは生まれません。

私はビデオを見ながら、（こんな合理的なものが乳幼児教育に幅《はば》をきかせるようになったら、子どもたちを闇で包んでしまうのと違うのかなあ。今はまだ子どもたちは闇の中で輝いているけど、そのうち、輝きも笑顔も消えてしまう日が来るんやないやろうか）と恐ろしくなってしまいました。

教育は子どもたちを輝かせるものですが、子どもたちの美しいものを汚してしまうとするなら、教育は地球を滅ぼす武器になってしまいます。教育は、子どもたちを活《い》かすことも殺すこともできるものなのです。だからこそ、

「私たちは見えるものによらず、信仰によって歩んでいます」（Ⅱコリント五・七）と聖書にあるように、見える頭の賢さだけを大切にするのではなく、見えないものを忘れず、総てが潤《うるお》される心を育てることが教育の中では一番大切です。

子どもたちが、人よりも人間として育たなければ、愛や優しさが失われて、未来に闇がやってきます。そのような悲しい遺産を私たちは残してよいのでしょうか。

この頃、（ここには人がいても人間はいいへんなあ）と思う乳幼児教育の場が増えています。そのたびに（人よりも人間を育てる真の教育を取り戻さんとあかんなあ）と心を燃やしています。

月の中にはうさぎなんかいいへん

子どもたちが小学校に通い始めます。

ある小学校で講演をしました。

「止揚学園の知能に重い障害をもった人たちは大人やけど、今でも（月の中にうさぎがいて餅をついている）と信じているんや。優しい心をもっているやろ」

と話し始めました。

「おじちゃん」

「なんですか」

と、男の子どもが元気よく手をあげました。

「おじちゃんとこの人はアホやなあ」

と聞くと、
と言うのです。

「どうしてアホなんや」

「あんな、月の中にはうさぎなんかいいへんで。あれはクレーターいうて、隕石《いんせき》が落ちた跡《あと》や、山や谷が太陽の光で陰になってうさぎに見えるだけなんや」

と、とうとうとクレーター論を語ってくれました。私はだんだん寂しくなって、

「そうか。あれはうさぎやなくて、クレーターなんか。でも、僕《ぼく》はこんな年やけど、今でも（月の中にうさぎがいる）と信じているんやけど」

と語ると、何人かの子どもたちがワーッと笑って、

「おじちゃんもやっぱしアホなんやなあ」

と言いました。これを聞きながら、何となく複雑な思いでした。

現代は、方法や技術を駆使して、子どもたちを管理し、指導する教師によって頭は賢くなり、いろいろなことを科学的によく知る勉強を受けて、人として発達している子どもたちが増えています。しかし、心の中に豊かな思いをもたせる教育者が少なく、人間として育っていく子どもたちが減っています。この子どもたちが大きくなった時に、「助け合う」「愛し合う」という優しい心はどこへ行ってしまうのでしょうか。

「月の中にうさぎなんかいいへん」ということばの中で、（科学万能主義の社会が生まれて、人間は必要でなくなり、ロボットが総てをとりしきる社会がやって来るんやないかなあ。そんな社会は味気ないなあ。心が必要でなくなったら、これからの地球はどうなっていくんやろう）と恐ろしさを感じていました。

講演が終わり、廊下を歩いていると、子どもたちが掃除をしていました。この頃、校舎の掃除を子どもたちだけでする学校が減ってきているので、嬉《うれ》しくなりました。

掃除を見ていると、数人の子どもたちが一生懸命に机などをふいているのに、他の子どもたちは遊んでいました。（これはあかん）と思って、私は掃除を手伝い始めました。私の小学校の時には、先生が率先して掃除をすると、「先生が掃除をしたはる」と皆が集まって来て手伝いを始めたものですが、現在は子どもたちの辞書から「率先」という文字がなくなりました。だから、だれも手伝おうとはしません。しばらくして、一人の女の子が、私がいるのに気がつき、

「ふくいせんせい」

と呼びました。

「はい」

と返事をすると、

「先生はほんまに掃除が好きなんやなあ」

とひとこと言って、総てはそれで終わって、だれも手伝いに来ませんでした。（これでよいのかなあ）と寂しさが心に広がりました。

この教室にも「人」はいましたが、「人間」はいませんでした。

この子どもたちが必ず大人になる日が来ます。その時、「自分だけ」という利己が暗雲のように広がり、地球をおおうのではないでしょうか。

「わたしは良い牧者です。良い牧者は羊たちのためにいのちを捨てます」（ヨハネ一〇・一一）

「わたしが再びいのちを得るために自分のいのちを捨てるからこそ、父はわたしを愛してくださいます」（同一七節）

とイエスさまは言い、愛というものは何かを行動をとおして教えてくださっています。そして、このような人間が育つことこそ、私たち総てが幸福《しあわせ》になることなのです。子どもたちが、人間が作った合理的なものをもっていても、イエスさまが示してくださった非合理なものをもたないで、人として育つことは不幸なことです。

現代は、教育という名による勉強で、人こそ総てなのだ、頭脳こそ総てなのだという考え方が進んでいきます。そして、神を恐れない子どもが育っています。だからこそ、今、聖書の真理を子どもたちに植え、育てることの重要さを痛感しています。

子どもたちの輝きや笑顔の消える日が永遠に、この地球にやって来てはいけないのです。そんな日が来てほしくないものです。

愛は継続から生まれます

小学生たちが成長し、中学生や高校生になっていきます。

中学生や高校生たちに講演をしていて、過去と現代に大きな違いを感じています。過去、講演に行くと、たくさんの生徒たちが体育館に集まっていて、会場に近づくと、外までワァーと騒いでいる声が聞こえてきました。中に入ると、千人以上の生徒たちが声を出しているのですから、耳をつんざくような騒音です。校長先生が壇上に上がり、私の紹介をしてくださるのですが、ほとんどその声が聞こえません。校長先生はその声に動ぜず、泰然自若《たいぜんじじゃく》として話をされます。（すごいなあ。こんなやかましい中で僕《ぼく》は話ができへんけど、どうしたらよいんやろう）と私の心臓がドキドキと高鳴ります。意を決して話を始めると、十分、二十分、生徒たちがだんだんと静かになっていき、目がキラキラと輝き始めました。

「私たちが正しいと強く信じていても、実際には間違っていることがたくさんあります。人間の社会では勉強ができない子どもは『悪い子ども』と言われることが多いのです。でも、子どもたちの中には勉強ができない子どもとできる子どもがいて、総て良い子どもなのです。できるのになまけてできないのは困りますが、『できない』ことも『できる』こともその子どもたちの特性なのです。だから、できない子どもはできないことを、できる子どもはできることを大切にしてやらなければなりません。

私はクリスチャンですが、大切にしている書物の一つに聖書があります。それを読んでいると、『イエスさまは人間の罪を背負ってくださった』ということが書いてあります。神さまが私たちの悪いものを総て背負ってくださったのですから、悪いものを人間に与えられるはずがないのです。私たちがもっているものは総てが素晴らしいもの、良きもの、特性なのです。

勉強のできない人たちを『悪い人間』『質が悪い人たち』と考え、その考え方を差別と思わないで（正しい）と考えている人たちが多いのが日本の現実です。しかし、それは間違いだということを若いきみたちは知り、そのような考え方を捨ててほしいのです。『悪い』という考え方は、知能に障害をもたない私たちの高慢さなのです」

こんなことを語っていると、生徒たちの頭が揺れなくなり、目が私に集中してきました。私は（聞いてくれていたんやなあ）と感じ、励まされ、話が燃えていきます。

しかし、この頃の生徒たちは講演中、あまり騒ぎません。少しは私語がありますが、話には邪魔になりません。先生が「静かにしなさい」と言われると、ピタッと静かになります。でも、不思議なのですが、いくら私が真剣に話しても（聞いてくれているなあ）という実感が生まれてこないのです。

過去は生徒たちが聞いてくれる講演でしたが、今はどのように聞かせるかが大切になってきました。だから、私の体調や心の状態がすぐれていないと講演がスムースにできなくなりました。過去は、管理されることにあまり反発しない生徒たちでしたが、応用ができ、自立している部分をもっていました。しかし、現代の若い人たちは「管理は間違っている。私たちの人権を守るべきだ」「自由が総てなんだ」と口では言うのですが、実際はこちらが管理をしないとできません。動けません。このような状況にぶつかり、講演もどのようにこちらが管理して聞かせるかが大切になってきているのです。

講演が終わります。過去は生徒たちが私のところに集まって来て、感想を語ったり、質問をしたりして、なかなか控え室に帰れませんでした。講演の後、こんなことが起きると、講師は嬉しいものです。しかし、この頃はだれも私のところにやって来ません。あっという間に控え室に帰り、(話を聞いてくれたんかなあ)と空《むな》しくなることが多いのです。ここにも「人」がいて、「人間」がいないのです。

保育園、幼稚園、小学校、中学校、高等学校と、子どもたちは成長し前進していきます。しかし、この中で勉強を強制され、人として発達しても、教育という中で人間として育つことができない仕組みが強くなってきています。

今、私たちが見えないものの大切さを一生懸命に叫ばなかったら、(子どもたちが非合理なことを真剣に聞いてくれへんから)と沈黙するとしたら、優しい地球は生まれ、育たなくなります。今、必要なのは愛です。忍耐です。愛は継続から生まれ、真理は忍耐から生まれるものです。

殺せ、殺せ。生きたくない

子どもたちが青年になります。

この頃、大学で講義や講演をするたびに、（ひとりぼっちやなあ）とよく思います。校門を入り、話を終え、校外に出て来る。この間に、私のほうから話しかけない限り、学生たちとの交わりや関係はほとんど生まれません。学生たちから積極的にぶつかってくることがなくなっているのです。ここにも「人」がいて、「人間」がいません。

しかし、私は知能に重い障害をもった人たちと生活しているのですが、朝、運動場を歩いていると、「おはよう」と明るい声があちらこちらからぶつかってきます。「おはよう」と語れない人たちは、明るい笑顔で私のところに走って来ます。いつもこの人たちのほうから関係をもってくれるのです。こんな時、（ここには人間がいるんやなあ。人間の場は活《い》き活きして楽しいなあ）と心がホノボノとしてきます。

さて、大学生たちに話をします。

「私は止揚学園というところで働いています」

過去は「止揚」と言うと、ほとんどの学生がその意味を知っていて、

「これはヘーゲルという弁証哲学者が使ったアウフヘーベンというドイツ語の日本語訳で、二つのものが一つになって、今までよりももっと高い次元に入って大きなものに変わっていくことです」

と答えてくれましたが、この頃の大学生はほとんどこの意味がわかりません。早計かもわかりませんが、この現象から（過去の若者たちの多くは本質的な深いものを理解することができた。そやけど、今の若者のほとんどはテレビ的な軽い話や駄洒落《だじゃれ》で大笑いをしたり、ライブ的なものにはのることはできたりするんやけど、ユーモアや、人生の深みの中でものを感じる心が弱くなってきているのとちがうのかなあ）と考えています。

今は人が満ちあふれています。

先日のこと、二十人ほどの知能に障害をもった仲間の人たちと電車に乗ったのですが、満員で座ることができませんでした。足の弱い人たちがたくさんいるので、私たちは身体を支え、立っていました。電車が揺れるたびにヨロヨロします。私たちの横に若い人たちが十人ばかり座っていました。だれも席をかわろうとはしてくれません。たまりかねて声をかけると、二、三人の人が立ってくれただけでした。なんとなく悪いことを言ったような気持ちになってしまったのですが、（ここにも「人」がいるけど、「人間」はいいへんなあ）と悲しくなりました。人が増えていくと、地球は暗い雲に包まれてしまいます。

私はこの頃、若い人たちに、

「きみたちは闇という墓穴を掘っているんやなあ」

とよく言います。

「どういうことですか」

と、不思議そうに聞き返してきますと、

「きみたちの未来は孤独な死が待っているんやで」

と答えています。

最近、新聞を読んでいると、「ひとり住まいの老人が外に出て来ないので、玄関の鍵を壊して中に入ると、一週間前に死んでいた」というようなニュースがよく目につきます。しかし、今の若者が老人になった時、孤独死は当たり前の社会現象になってしまい、ニュースにならなくなると思います。

私たちには必ず老いはやってきて、支えがなければ生きられなくなります。その時、人間の社会であれば隣人が共に歩んでくれますが、人の社会では隣人がなくて寂しい日が来ます。私たちにとって幸福《しあわせ》なことは、年をとればとるほど（よかったなあ）と感じられる人生を歩めることです。しかし、そのような日はこれからはなくなっていきます。

「あなたは白髪の老人の前では起立し、老人を敬い、またあなたの神を恐れなければな

らない」（レビ一九・三二）
と聖書は語っているのですが、今はその反対の時代です。

先日、テレビを見ていたら、一人のおばあさんが、

「殺せ。殺せ。こんな社会で生きたくない」

と大声で叫んでいました。私は（日本は確実に悲しい方向に進んでいるなあ）と心が締《し》めつけられる思いでした。

人の社会は寂しい社会です。自分の力で生きなければなりません。ひとりで生きる社会では、強い者、若い者、障害をもたない者は生きやすいのですが、その反対の者は生きづらくなります。この生きづらさを一人の老人が、

「殺せ。殺せ。こんな社会で生きたくない」

と叫んでいるのだと思えてなりませんでした。

（今、若い人たちが他者と力を合わせて歩んでいかへんたら、未来に孤独という墓穴が掘られていくんやないのかなあ）と私は心配しています。

ひとりは深い意味をもっています

人間は今、そこにある現実や目に見えるものにとらわれがちで、未来に希望や不安はも

っていても、それへの取り組みはあまりしないものです。しかし、過去はどんどんと遠のいていきますが、未来はあっという間に今に変わります。だから、若さを謳歌《おうか》している若い人たちにも、すぐに老いがやって来るものです。若さは強さですから、自分の力で生きなければいけない人の社会でもあまり問題を感じずに歩めます。でも、老人になった時、支えの少ない人の社会で生活することは厳しいことです。このためにも、私たちは若い間に人間の社会をつくっておく必要があります。

この頃、私は、

「若さを人に分け与えてください」

「自分の人生を人に分け与えてください」

「自分の幸福《しあわせ》や優しさを人に分け与えてください」

といろいろな人たちに語っています。

現代に生きている若い人たちが自分のもっているものを人に分け与えて、愛を行動した時、地球の愛の花が咲き、「人間の社会」が生まれ、育ちます。そして、総ての者が活《い》き活きと生きられ、それをつくり出した若い人たちが老人になっても孤独から解放され、幸福になれるのです。

過去はボランティア活動をする群れの中心は若い人たちでした。しかし、この頃、私たちの職場に来るボランティアの人たちは、四、五十歳の人たちから老人が主流になり、若い人たちが減ってきています。

このことを友人たちに語ると、

「信じられない」

と言います。

「どうして」

と尋ねると、

「テレビなどを見ていると、いろいろな障害をもった人たちの大会には、ボランティア活動に参加している若い人たちであふれているではないか」と言います。確かにそのとおりです。そして、

「若者の力と心、協力によってこの大会は盛り上がっています」

と主催者の人たちが、テレビの中で語っています。しかし、これは総てイベントなのです。行事や祭りは楽しく、自分が損をすることがほとんどありませんから、若い人たちにとって集まりやすい陽の場です。私たちの現場はイベントとは反対の要素や陰の部分をもっていますから、だんだんと若者たちが集まらなくなってきているのです。この姿を見ていると、（この人たちは本質的ではなく、現象面的に生きているなあ）と寂しくなります。

知能に重い障害をもった人たちや子どもたちの施設で働いている若い人たちにも同じことがいえます。日本社会が好景気な時は、若い人たちは少しでも働く条件のよい大会社に就職をし、私たちの職場で生きてくれる若い人たちが少ないという状況でした。しかし、好景気に弱く、不景気に強いのが施設です。好景気の波は消え、不景気が押し寄せ、大企業への就職が困難になってくると、（とにかくどこへでも就職ができたらよい）と、私たちの職場に若い人たちが増え始めました。

仕事は、生活するためにお金を得るという目的だけのものではなく、いろいろな価値観や理想が伴うものですが、私の周囲にいる若い人たちの姿を見ると、そのようなものはあまり大切ではないようです。心というものがなくなっているのでしょうか。そこからは愛や優しさによって職場の者同士が助け合う温かさがありません。就職に対する考え方も、人間として生きるというより、人として生きるという方向に変わってきているようです。

この世界に恐ろしさを感じ、

「人よりも人間の社会をつくろう」

と叫ぶと、

「一人や少数が何を言っても、聞く人たちは少ないのだから、そんな無駄なことはやめておいたほうがよい」

と言う人たちが多いのが現実です。しかし、私は（そのようなとらえ方は間違いや）と思っています。一人の者が叫べば、一人分だけ人間の社会が近づくのです。少数の者が行動すれば、その少数の分だけ優しい地球が生まれます。このように一人は、少数は、社会の中で深い位置と意味をもっているのです。一人がいなければ、多数は生まれてこないのです。

「神は、一人の人からあらゆる民を造り出して、地の全面に住まわせ、それぞれに決められた時代と、住まいの境をお定めになりました。それは、神を求めさせるためです。もし人が手探りで求めることがあれば、神を見出すこともあるでしょう。確かに、神は私たち一人ひとりから遠く離れてはおられません」（使徒一七・二六〜二七）と御言《みことば》が語っていることを忘れずに歩むことの大切さを、今、私は心に言い聞かせています。

今を恥じることなく――現代の教育はこれでよいのか

花いたい、いたい、いうてる

春の終わり、まだ少し雪が残っている田舎道《いなかみち》を、知能に重い障害をもった仲間の人たちと散歩をしていました。突然、かおるさんが、

「はな、はな」

と叫びました。私は（こんな寒いのに花なんか咲いているのかなあ）と思いながら、彼女が指さすほうを見ると、日溜《ひだ》まりに、可憐《かれん》な、白い野の花が咲いていました。太陽の光に輝いて、とても美しかったので、私は思わずその花をもぎ取ろうとしました。その時、

「だめ、だめ、花いたい、いたい、いうてる」

と、かおるさんが大きな声を出しました。私は思わず手を引っ込め、彼女に聞きました。

「花が話をするのが聞こえるの」

「花、話する。いっぱい、いっぱい聞こえるわ」

と、かおるさんは呟《つぶや》きました。その静かな姿に私は（ほんまに花の話が聞こえるのやろうなあ。見えないことばを聞くのには、花「相手」の立場に立つ優しい心が必要やろうなあ）と、ふと思いました。

現代は相手の立場に立ち、そのことばをよく聞いて対話し、考えることが少なくなり、自分が見て感じ、判断することが大切にされている時代になってきています。

例えば、テレビの歌番組も過去は静かで、舞台も歌手も派手ではなく、メロディーも歌詞もよくわかり、その歌を私たちはじっくりと聴《き》き、歌手と心の対話をしながら自分の心に響《ひび》かせ、いろいろなことを考えていました。歌は聴くものでした。しかし現在は、舞台効果も歌手の衣装、動作もきらびやかで激しくなり、曲は強烈で速く、歌詞も感覚的で難しくなりました。歌は視覚を通し、見て感じるものになり、聴いて考え、感じるものではなくなってきています。

時々、（若者と共に）と思いつつコンサートに行くのですが、演奏者とそれを聴く若者の絶叫《ぜっきょう》に、（これは騒音《そうおん》や）と頭が痛くなってきて、歳をとればとるほどその音楽についていけない自分を感じて寂しくなります。そして（強い者や多数側の人間だけが聴き、弱い側の老人、少数側の人間が切り捨てられていく音楽が、真の音楽なのかなあ。音楽は子どもも若者も、老人も障害をもった人たちも、日本人も外国人も、弱い者も強い者も、共に心を合わせ一つの場に集まって聴けるものやないかなあ）と考え、悲しい思いにとらわれてしまうのです。

他者の心を聞こう

さて、見て感じることも必要ですが、それは他者から一方的に与えられたもので感じ、自分の考え方だけで判断して、思い込んだり誤解をしたりするという狭い世界になる恐れがあります。その中で育つ人間は自説を主張し、自分の立場を大切にすることができても、相手の立場に立ち（何を考え、感じているのか）ということを理解し、認めることができなくなります。そして非難という形で他者を傷つけても、相手の立場に立つ、批判という前進的な世界を失《な》くします。非難は相手を殺し、批判は他者を生かします。だから見て感じ、行動することは多くのものを破壊してしまう可能性があり、自分と他者との出会いという人間の関係を育てなくしてしまいます。

また、見て感じるだけの世界は、狭い、浅い自己判断が先行し、深い思考力が育ちにくく、賢くなる知識は植えつけられても、知性や繊細《せんさい》な心、優しさや思いやりが欠けてきます。この中からは、自分やその周囲の者だけにしか関心をもたない、自己本位で消極的な人が多くなり、自分の幸福《しあわせ》や生命《いのち》を大切にしても、他者のもつものや生命を平気でおかす人たちが育っていくのだと思えてならず、感じ、自分の判断だけで行動する恐ろしさを、私はシミジミと感じています。

聞き合うということは、他者からの思いを自分の内面にもち込み、対話という形で他者の心に返していくものですから、お互いの温《ぬく》もりや優しさ、その他のものを知り、心の交わりが育ちます。そして人と人とが支え合い、助け合う、広くて積極的な人間が育ってきます。また、聞き合うということは、語り考え合いますから、そこから思いやりや優しさ、喜怒哀楽《きどあいらく》という心が芽生え、形成されます。こうした聞き合う世界からは、大きな心や前進的、建設的な視野が開けてきます。

前述の「だめ、だめ、花いたい、いたい、いうてる」というかおるさんのことばは、彼女が花と対話し、（花の美しさは生命《いのち》の輝きなんや。花を切りとったら、その生命がなくなるやろう。そんな相手の立場に立つ優しい心をもてば、花が「切らないで」と叫んでいる声が聞こえてくるんや。その声を聞き、語り合えば、生命の大切さが見えてくるやろう。花「他者」のことばを聞き、対話をすることは本当に大切なことや）という深い意味があるのです。そして、花の立場に立たず自分の判断で行動した利己的な私に、大切なことを教えてくれていたのです。この警告のことばは、毎日生命が平気でおかされ、それが若年化していく時代に、とても大切なことを教えてくれているのではないでしょうか。

見て話し、聞き考える教育が減少し、見て感じて自分の立場から判断する勉強が強くなればなるほど、恐ろしい社会が大きくなっていくことを、私はかおるさんのことばからシミジミと感じていました。

聖書を読んでいると、イエスさまは一方的に自分の立場から説教をしたのではなく、対話を大切にし、相手の立場に立って福音を語っておられます。特に弱い立場にある人たちに対して、その場にある自然やもの、生活をたとえ話にして平易《へいい》に語られるので、聞く人たちの心の中に温かいものが染みわたり、イエスさまの優しさが皆に迫ったのだと思います。このように、一方的に自分だけで感じて語るのではなく、相手と共にあり、そして自分の生命を私たちに捧《ささ》げる行動を通して、（生命はだれもおかすことができない大切なもの）と教えてくださったイエスさまだからこそ、悩む者が心安らぎ、前進する勇気をもつことができたのです。だからこそ、私たちがこのイエスさまに従って歩んだ時に、真の幸福と平和がこの世にやって来るのです。

こんな祈りの中で、この頃（そのイエスさまに従う者は

不特定多数のだれかではなく、それは私であり、あなたなんやという行動が必要なんや。愛はきれいなことばではなく、祈りから生まれた温かくて美しい行動から育つものや。そしてその愛は信仰から深まっていくものや）と自分に言い聞かせています。

さて、このような思いの中で、現実を振り返ってみると、私たちの周囲で毎日のように生命がおかされていく事件が起きています。

この頃（今朝は残酷《ざんこく》な事件が載《の》ってえへんように）と祈る思いで新聞を開きますが、その願いがきかれる日はほとんどありません。その度《たび》に（こんなに経済的に豊かな日本やのに、なんで生命をおかす人が増えてきたんやろう）と心が重くなってきます。そして、その犯罪が若年化してきていることに、（どこに問題があるんやろうか）と深く考え込んでしまうのです。

そんな毎日の中で、この頃、私の心にたまっているいろいろな思いを書き綴《つづ》ってみたいと思います。

お米って八十八と書くんやで

毎朝読む新聞には、事件が起こる度《たび》に（事件をどのように防ぐか）（事件によって心理的に問題をもった人たちや子どもたちの救済をどのようにするか）という対策が論じられたり、専門家の先生たちの意見が述べられたりしています。これも大切なことですが、私は（対策や意見だけで、事件の本質的な原因を掘りおこしたり、問題を解決したりすることができるんやろうか）と疑問をもっています。そして（もう一度、私たちの足元の生活を見直したり、真の人間を育てる教育を取り戻したりする必要があるんやないか）と考えています。

現代は頭を賢くし、合理的なことに適応する知識や技術を身につける勉強を教育と錯覚《さっかく》しがちです。このような勉強からは（強い者やよくできる者が総《すべ》てだ）と考える、高慢な人間が育ちます。しかし教育は、合理的な勉強を教えると共に、精神や心を育てるという大きくて広がりをもった非合理なものです。そして人間に謙虚さを与えます。

勉強は速く進むことが大切なので、できない邪魔になるものは切り捨て、そして見えるものを大切にする派手さをもっています。しかし教育は、見えないものも重要な要素になり、静かに私たちの心に植えつけられ育つという温《ぬく》もりのあるものです。

教育にそんな意味を求めながら、まず私たちの生活の中で大切な「食《しょく》」について考えてみようと思います。

私は、知能に重い障害をもった仲間の人たちと共に歩んできました。この人たちが子どもの頃、急に多動になり、大声をあげ、心が荒れた時期があり、私たちはとても困りまし

た。いくら考えても、その原因がわかりません。そんな時、

「台所を機械化し、野菜などを裁断器《さいだんき》で切り始めたのが原因ではありませんか」

と、仲間の一人が言いました。

過去の止揚学園《しようがくえん》は、貧しく、野菜などをまな板と包丁で切り、食事の総てが私たちの手で作られていました。しかし、国の保障が豊かになり、台所が機械化され、それまでは野菜を切るのも長時間かかっていたのが、短時間で切れるようになり、形もそろい、とてもきれいなものが作れるようになりました。私たちは（台所が合理化され、仕事が楽になったなあ）と大喜びでした。でも「それが子どもたちの心を荒らしている」という意見が出され、私たちは（非科学的や）と半信半疑《はんしんはんぎ》でしたが、元のまな板切りにかえることにしました。

一週間、二週間と経《た》ちました。不思議なことに、子どもたちの心が元の安定した状態に返り、心の落ち着きを取り戻したのです。

知能に重い障害をもった子どもたちは、知的障害はもっていますが、精神的・心理的には繊細で傷つきやすく、後退現象も知能障害をもたない子どもたちより強いのです。そのために人と人の間に機械が入り、それで切られたものを食べ、その冷たさを感じて心が病んでいったのだと思います。私たちは自分たちが楽になるために合理化を進めたのですが、

それが子どもたちの心を蝕《むしば》んだのです。その時、（教育とは手の温もりを大切にすることなんや）と教えられました。

現代はファーストフード、インスタント食品の全盛時代です。この機械的、合理的、スピードの速い食生活が豊かさを失わせ、子どもたちの心を不安定にしていく要素をもっているように思えてなりません。

また、このようなことも考えます。私の子どもの時は、食事は心を休ませ、対話をする場で、その対話が優しい心を育てる源《みなもと》になりました。食卓を囲み、両親から何度も「お百姓さんが八十八回も苦労し、自分の生命《いのち》のように大切にしてお米を作ってくれはったから、『米』という字は八十八と書くんや。そやからお百姓さんに感謝して、一粒のお米でも大切にしないとあかんよ」と話を聞きました。その中で、私は（お百姓さんに感謝の心をもたんとあかん。それに、お米にも生命があるんやから、大切にして食べ残さんとこう）と思いました。こうして私は他者への思いやりや感謝、生命の大切さや優しさをいつの間にか教えられ、育てられていました。

私の子ども時代の食事は、家庭団欒《かていだんらん》の場だけではなく、こんな素晴らしい人間教育の場であり、その教育を通して深い心の形成をさせられました。今（幼い時に植えつけられた素晴らしいものは、いつまで経っても宝物なんやなあ）とシミジミ感じています。

お茶碗ニコニコ笑っている

現代はすっかり変わり、家庭でも、学校でも、レストランでも食べ物がどんどん捨てられて贅沢《ぜいたく》な時代になりました。学校給食で前日の残り物が出され、子どもたちが食中毒を起こしたということもありました。私はそれを知り、(正しい食事教育がされていたら、子どもたちが好き嫌いをして食べ物を残すことはあらへんたはずや)と思いました。でもそのような疑問がだれからも出ないことが不思議でした。

また、テレビなどを見ていると、食べ物を投げ合って興じる番組があったり、スポーツで優勝したチームの選手がビールをかけ合っている姿が映し出されます。このような場を目で見る子どもたちが、他者への感謝や思いやり、生命《いのち》への畏怖《いふ》や人間への尊厳を失《な》くしていくのは自然なことだと思います。

こうして私たちは、子どもたちに利己は育てても、他者と共に歩むことは教えず、その生命をおかすことへの抵抗感をもたせない教育をしているようです。そして恐ろしい事件が起きます。

現代は、子どもたちにとって不幸な時代なのです。そして、子どもたちを不幸にする事柄は、少しも減少していきません。

その日、私は、見学に来た二十人ばかりの女性たちに炊事場を案内していました。

「ここでは食事の時、陶器やガラス食器を使っていて、現代的な割れない食器は使ってへんのです」

と説明すると、女性たちが驚いて、

「壊《こわ》れるものを使うと、炊事の人たちが大変で経済的にも苦しいでしょう。もっと合理的にしたほうが楽じゃないですか」

と言いだしました。

「そうかなあ。確かに割れない食器を使うと便利で、炊事係も私も楽になるやろうけれど、便利ということは教育的に問題があり、人間を不幸にすると思うんやけど」

「私はあなたの言うことが少しも理解できません。割れない食器を使うと、どうして教育的に問題があるのですか」

と一人の女性が不思議そうに尋ねました。

「知能に重い障害をもった仲間の人たちは、食器が美しく輝いていると、『ニコニコ笑っている』と言います。反対に食器が汚れて放置されたり、割れたりすると、『痛い、いたいと泣いている』と悲しそうな顔をします。そのことばには（茶碗や皿を温かく扱わないと、その美しい輝きが消えます。美しいものは総てを明るく、幸福にします。だから、茶碗や皿が美しくないと、皆が暗く不幸になるでしょう）と、こんな意味があるのだと思います」

側《そば》にいた女性たちは急に静かになりました。私は話を続けました。

「私たちがこんな温かさをもつことができたら、物や生命を大切にする心が育ってくると思います。割れない食器だと、雑に扱っても落としても壊れず、私たちの心の豊かさが欠けてきます。そこからは優しさが育たず、いつの間にか深い思いやり、生命をおかすことへの抵抗感が薄れていくのではないでしょうか。食器一つにしても、教育にとって大きな意味をもっています。教育とは、どんな小さなことにも深く大きな愛をもたせ、優しさを感じる心をもたせることなのです」

私が話を終えると、女性たちが口々に、

「この頃、戦争や残酷な事件が起き、人が殺されると、（こんなことは早く無くなってほしい）と恐ろしさを感じるのですが、自分の生活の場でものを捨てたり、壊したりしていても、（どんなに恐ろしい行動をしているのか）とは考えたこともなく、気づきもしませんでした。でも、今お話を聞いて、私たちが生活の中で子どもたちに、生命を無視させる教育をしていることを知り、子どもを育てるということは何かを考えさせられました」

と言いながら、お互いに顔を見合わせていました。

犯罪が若年化している現在、真の豊かな家庭生活を取り戻す必要があります。それを疎《おろそ》かにすると、子どもたちは今よりもなお暗く冷たくなり、人間の姿をもっていても人間の心をもたない子どもが育ってくるのではないでしょうか。

古いものを捨ててしまう恐ろしさ

止揚学園で使っている調度品の多くは、捨てるものをもらってきたり、古いものを再生したりしたものです。時々、大型のごみ捨て場に行くと、まだ十分に使える家具類が捨ててあり、それを拾ってきて磨《みが》いたりペンキを塗ったりすると新品のようになり、それを使うこともあります。

こんな時（日本人はほんまに贅沢《ぜいたく》になったなあ。ものを壊しても『新しいものを買えばよい』と平然としているし、使っているものが少しでも古くなると『恰好《かっこう》が悪いから新しいものに取り替えよう』と平気で捨ててしまっているけど、でもこんなことを続けていたら、この社会は滅びてしまうのとちがうかなあ）と恐ろしさを感じてしまいます。

インドで友人の家に泊《と》まりました。

「お茶がほしい」

と言うと、ペットボトルに入った冷たいお茶を持って来てくれました。そのボトルをよく見ると、私が三年前にこの家に置いていったものでした。傷一つ付かず、丁寧《ていねい》に使われているボトルから、そこに住む人たちの優しい心の響《ひび》きが伝わってきて、それがピカピカ美しく見えました。

感心している私に、友人が、

「私たちにとって、このボトル一つも本当に大切な生活用品です。だから心を込めて使っているのです」

と語ってくれました。インドの友人の生活に接して、（物を大切にすることは生活を大切にしていることなんや。それが基盤になって優しい心が育っているんやなあ。そして生命も心も豊かになるんや）と、そこにある人間のホノボノとした営《いとな》みを感じ、私は（ほんまに美しい人生や）と思いました。

こんな美しさや優しさが日本では無くなっていくようです。

私の住んでいる町の河川《かせん》は総《すべ》て護岸工事がなされ、堤防にはアスファルトの道がつき、公園が作られました。工事前は六月になると蛍《ほたる》が星のようにピカピカ光り、魚もたくさん住んでいました。でも今は、ほとんど蛍も魚もいなくなり、寂しい自然に変わりました。

私たちはものや自然を壊したり、古いものを捨てたりして（便利になった）（進歩した）と考えています。でも（古いものや邪魔《じゃま》なものは捨て、新しいものにかえたら良い）

という現代的風潮《げんだいてきふうちょう》は気をつけないと恐ろしい社会を育てると思います。それは、役に立たない者、弱者、障害をもつ人たち、老人たちを切り捨てるという心を子どもたちに植えつける可能性をもっているからです。

〈切り捨てる〉という感覚は、〈弱者の生命は奪えば良い〉ということと同義語なのです。このような感覚を自然に植えつけられた子どもたちの中には、〈切り捨てられた人間の生命は大切ではない〉と考え、残酷な行為を残酷とも思わず、〈それが当たり前だ〉と考え、行動する子どもたちが出てきても不思議ではありません。

現代の合理的社会に生きる私たちは、古いものを切り捨て、壊し、新しいものを作り、それを人類の進歩と調和と考えることが多いのですが、私は否《いな》と言いたいのです。その方向は社会の破壊や人類の滅亡と考えているからです。今、私たちは〈古いものを破壊せず、新しいものを創造することが、地球に存在する生命ある総てのものを幸福《しあわせ》にすることなのだ〉という心を取り戻し、生命あるものを無視しない教育を取り戻す必要があります。イエスさまは、地球の滅《ほろ》びをお喜びになるはずがないからです。

恥じることのない働き人として

〈現代の私たちの歩みはこれで良いんやろうか。このままで進んでいくなら、子どもたちの心が今よりも、なお冷たく、暗くなっていくんやないんやろうか）と思う時、聖書が私に明るい答えを示してくれます。そして、それが大きな力になっています。

コリント人への手紙第二に、「ですから、私たちは落胆しません。たとえ私たちの外《そと》なる人は衰《おとろ》えても、内《うち》なる人は日々《ひび》新《あら》たにされています。私たちの一時《いっとき》の軽い苦難《くなん》は、それとは比べものにならないほど重い永遠の栄光を、私たちにもたらすのです。私たちは見えるものにではなく、見えないものに目を留《と》めます。見えるものは一時的であり、見えないものは永遠に続くからです」（四・一六〜一八）とあるように、見えないものの大切さを確信し、歩もうと思うのです。

そして私たちは、（キリスト者、教育者やけど、やはり人間なんや。だから弱くても仕方がないやろう）と、現代の生命を軽視する合理的社会に妥協しないで、（人間やけど、やはりキリスト者、教育者なんや。人間的な弱さをいっぱいもっているけど、キリストや子どもによって強くさせられ、何ももたない人間が総てのものをもたされているんや）と信仰による決断をもち、（勇気をもってイエスさまの愛や御言《みことば》が満ち、総ての生命が大切にされる社会を創《つく》り、育てなければ）と自分に言い聞かせています。人間は弱いのですが、キリスト者、教育者は強さをもたされているのです。

テモテへの手紙第二に、「あなたは務めにふさわしいと認められる人として、すなわち、真理のみことばをまっすぐに説《と》き明《あ》かす、恥じることのない働《はたら》き人《びと》として、自分を神に献《ささ》げるように最善を尽くしなさい」（二・一五）とありますが、私は、この頃、キリスト者であること、教育者であることを恥じることなく、「優しい人たちに取り囲まれた素晴らしい社会を、皆が人間として大切にされる社会をこの地球の中に育て、子どもたちの笑顔を消さない教育を育てよう」と叫び、行動していくことの素晴らしさを、シミジミと感じています。

Ⅱ　愛はヌクモリです

あなたの信仰は、どこにあるのですか

イエスさま、見たはる

ある日、清子さんの側《そば》にあったお菓子が消えました。彼女はお菓子を見ると、つい手が出てポケットに入れる癖があります。

私は清子さんに話しかけました。

「あれ、お菓子があらへん。清子さんの知らん間にポケットに入ったのと違うかなあ」

「お菓子、勝手に入った。私、知らん」

と小さな声で答えました。突然、側にいた照代さんが「イエスさま、見たはる」と明るい声で言いました。照代さんの口癖のこのことばに（イエスさまは、罪を犯した人間を怒り、罰するのではなく、温かく見つめ、耐えてくださっている。そのイエスさまを悲しませるようなことをしてはいけないよ）という彼女の心をいつも深く感じている私です。

清子さんは私のことばに恐れ、不安をもったのですが、照代さんのことばに安心したの

か、「ごめんなさい」と頭を下げました。

私は照代さんの「イエスさま、見たはる」ということばを聞くと、何となく心が安まります。そして、(照代さんはイエスさまに人間的な恐れをもつのではなく、〝いつも私を愛してくださって、ありがとう〟という感謝の畏《おそ》れをもっているんやなあ)とシミジミと感じ、信仰とは何かを教えられるのです。

恐れと畏れ

児島康夫先生の著書『夕暮れ時のあったか噺《ばなし》』に、高齢の女性の、「恐れは心を騒がせ、畏れは心を鎮める」ということばが載っています。

「おそれ」には、恐れと畏れという二つがあります。恐れは未来への不安感や自信喪失から生まれる人間の弱さです。そこから他者への不信が派生し、心が乱れます。畏れは神を敬う心で、人間に愛を与え、正しい途《みち》を歩ませ、深い安心感をもたらしてくれます。

聖書に、ガリラヤ湖で嵐に遭《あ》った弟子たちの出来事が書かれています。死の恐怖でイエスさまに不信を感じ、不安で心を乱した弟子たちを見て「あなたがたの信仰は、どこにあるのか」と、イエスさまが尋ねられました。

これは、「あなたたちは、わたしが側《そば》にいるのになぜ恐れているのですか」とイエスさまが弟子たちの人間的な恐怖をもつ姿を見て、孤独と寂しさの中で温かく諭された御言《みことば》です。

この時、悪霊の業と考えられていた天災を鎮めたイエスさまに弟子たちは驚き、（イエスは救い主）と畏敬《いけい》をもちました。恐れで心を乱された弟子たちが、イエスさまに畏れをもった時、心の安らぎを得たのです。（この心の歩みが信仰の形成や）と私は思います。

今、地球は不安や不信で満ち、そこから自分たちの死や自国の滅びへの恐れをもって、それを守るために軍備を拡大し、地球を滅ぼし、平和を壊しています。人間の恐れは地球を、人間を不幸にします。

「神への畏れを取り戻した時、人間の恐れから生じる不安や不信がつくり出す戦争やテロがなくなります。そして、人間の心が優しくなり、安らぎ、地球に平和がきます」と、ことばだけでなく、行動を通しても福音を宣べ伝える信仰をもたなければと祈っている私です。

イエスさまが私たちに「あなたがたの信仰は、どこにあるのか」と、忍耐しつつ静かに問いかけておられる今です。

人間の絆《きずな》を深めよう

イエスさまの側《そば》に行かはった

知能に重い障害をもった信一さんの父親が孤独死をしました。深いショックでした。父親の死に、明るい顔で涙を見せない信一さんに「こんな人だから父親の死がわからないのだ。可哀相《かわいそう》に」と言う人がいました。でも、それは間違った考え方です。

その時、私は信一さんに尋ねてみました。

「悲しいことあらへんのか」

「あらへん。お父さん、イエスさまの側に行かはった。僕《ぼく》を待ったはる」

と笑顔で答えました。信一さんは死を（人生の終わり）でなく、（イエスさまの側に行く通過点）であり、（別れたお父さんが、いつかはそこに行く自分を待っていてくれて、必ず出会う日があるのだ）と明るく考えていたのです。彼にとって死は悲哀や恐怖ではなく、イエスさまの側に行ける希望であり、父親と出会える喜びという深い信仰と思いなのです。

私は、（死を彼のように考え、大切にできたら優しく活《い》き活きと生きられるなあ）と信一さんから教えられていました。

信一さんは告別式の日も堂々としていました。その姿に（イエスさまに総《すべ》てを任せた深い信仰が、何が起きても恐れず、明るく立ち向かう力になっているんやなあ。信一さんは本真《ほんま》に死を大切にしているんやなあ）とシミジミと感じた時でした。

人間はみな友だちや

人間を尊重し、人権を守る究極的な姿は、人間の交わりと死を大切にすることだと思います。知能に重い障害をもった仲間の多くは、死を深いところで見つめています。その根は（人間はみんな友だちや）という人間尊重の心から生まれているように思えてなりません。

だから、人間関係の温《ぬく》もりや死への畏敬《いけい》が希薄になると、孤独死が増えるのです。

さて、この頃、「プライバシー」ということばをよく聞くようになり、（自分をだれにもおかされることなく生きよう）と考える人たちが多くなってきました。その中で、人との交わりに細心の注意が必要になり、人間関係に疲れて孤立し、孤独になって心に悩みをもつ人たちが生まれてきています。

心が疲れた時、自分の近くの人たちや家族の人たちに語り合うことができたら、温もりのある解決が生まれますが、そのような場が少なくなり、出会ったこともなく、自分をよく知らない専門家に相談して、心の解消をする人たちが多くなってきています。しかし、そこで悩みを技術的に、学問的に解決できても、このような合理的な方法だけで真の解決を見つけ出すことができるでしょうか。

聖書でパウロが「それぞれ、自分のことだけでなく、ほかの人のことも顧みなさい」（ピリピ二・四）と語っています。この御言《みことば》がとても大切になってきている現代を感じます。

私たちはプライバシーや人権を主張して、自分のことばかりを大切にする前に、相手の立場に立ち、一人一人の人間を、人間性を大切にし、皆がつながり、助け合う絆を深く結ぶ場があれば、死を大切にする優しい社会が生まれ、孤独死がなくなります。

神であるイエスさまが自分を空《むな》しくして人間の姿になり、十字架におかかりになってまでも、人間と温かい関係をもち続けてくださった愛と死をどのように大切にするかを、今もう一度見つめ直す必要を、知人の孤独死に出会って考えさせられている私です。

頑張らなくていいよ

祈りこそ力です

止揚学園《しようがくえん》に入園している仲間たちが（イエスさま。天国に行った人、家ない人、悲しんでいる人守ってください。アーメン）と毎朝、一生懸命に祈っています。その姿に、重くなる心に光が与えられ、東日本大震災で被災した人たちへの支援に勇気が生まれました。そして、私たちは街頭募金をし、被災した人を職員に迎え、また、大被害を受けた陸前高田市に行き、何人かの子どもと一緒に帰って来ました。この子どもたちは新学期が始まるまで止揚学園に避難をしていました。

入園している仲間たちは被災地での奉仕や、メディアに取り上げられる大きな行動はできません。しかし、この仲間たちの祈りが私を力づけてくれます。その度《たび》に（祈りなくして何も生まれへんのやなあ。祈りこそ力を与えてくれる泉や）と深く感じるのです。

私は（このような時は大きな組織、有名人や力をもつ人たちの活動も必要やけど、一人の活動も大切や。一人は弱くても力なんや。一人は多数よりもきめの細かい、温《ぬく》もりのある取り組みができるものや）と考えています。

避難した子どもたちは明るく元気でした。しかし、テレビの生々しい被災現場報道に涙ぐみ、目を伏せました。その姿に（心に深い傷が残らへんたらよいのに）と祈る思いでした。そして、（報道は状況を忠実に伝える責任があるやろうけど、弱い立場の人たちのことも考えた心潤《こころうるお》う番組も必要やなあ）とこの報道のあり方に疑問を感じました。

ゆっくり歩こうなあ

さて、東日本大震災の報道で「頑張れ」ということばがあふれました。阪神・淡路大震災の時も「頑張ろう神戸」ということばが、多数側の強い頑張れる人たちには大きな力となり、見事に立ち上がり、再建を成し遂げました。しかし、頑張れない弱い人たちは切り捨てられて、自死や孤独死が増えました。

大変なことが起きた時、私は頑張れない仲間たちと歩み、「頑張らんとこうなあ。苦しい時は弱音を吐き、悲しい時は涙を流そう。僕《ぼく》も弱虫やからオロオロするけれど、皆と共に歩んでいくよ」「ゆっくり歩こうなあ。きっと美しい、優しいものが、明るい光が見えてくるよ」と言い続けてきました。

確かに、マスコミに取り上げられる人たちへの支援も大切です。でも、（それと同じ動きをするだけやなく、いろいろな所から忘れ去られた少数の人たちと祈りをもちつつ、共に歩むのがキリスト者の私たちや）と感じている今です。このような思いの中で聖書の「良きサマリア人」（イエスさまのたとえ話）のことが心に浮かびます。神さまから選ばれた民として強い側に立つユダヤ人たちは、強盗に襲われて苦しむ人を見捨てました。しかし、ユダヤ人から軽視されていたサマリア人が隣人になって助けました。このサマリア人こそイエスさまではなかったのでしょうか。

私は、イエスさまが見捨てられなかった少数の弱い側に立たされた人たち、テレビ報道を見、涙ぐむ子どもたちの隣人になる必要を強く思っています。

（頑張れなくても、弱くてもいいよ。弱いことは素敵なことなんや。イエスさまがいつも側《そば》にいて共に歩んでいてくださるから、弱くても安心して歩もうなあ）と祈りつつ行動していこうと心に言い聞かせている私なのです。

音《おと》は聞こえても

美しい音《ね》を聴く

止揚学園《しようがくえん》に入園している中途失明をした満子さんは、外を歩くのが怖くて、いつも部屋の隅にうずくまっていました。私は、〈外を歩けたら良いなあ〉と嫌がる満子さんを外に連れ出して、歩く訓練をすることにしました。

その日は川の堤防を〈速く歩けるように〉と満子さんの手をとり、「頑張れ、ドンドン歩こう」と二人で歩いていました。突然、満子さんが道に座り込んでしまいました。何度か立たせようとしましたが、立ちません。とうとう私は〈強情やなあ〉と思い、気持ちが切れてしまい、黙って満子さんを見ていました。

しばらくすると、満子さんがニコッとしました。またニコッと笑います。私は〈なんで笑うんや。困っている僕《ぼく》のことも考えんと〉とイライラしたのですが、しばらくして、風が私たちを過ぎると、川のせせらぎが耳に届くと、小鳥の囀《さえず》りが伝わると、満子さんがニコッとすることに気づき、ハッとしました。

（頑張れ、ドンドン。速く、はやく）と二人で歩いていた私は、自動車、自転車、自分たちの身に危険な音《おと》は聞こえたのですが、自然の美しい音《ね》は聴《き》こえませんでした。しかし、満子さんの側《そば》に立ち止まり、待った時、彼女の心の音《ね》やいろいろな音《ね》が聴こえてきたのです。満子さんは強情で座り込んだのではなくて、この自然の音《ね》が聴きたかったのです。

しばらくして満子さんが立ち上がりました。

耳があっても聞こえない

私たちは歩きだしたのですが、（頑張れ、ドンドン）という気持ちは消え、（音《ね》を聴きながらゆっくり歩こうなあ）という思いになっていました。歩くことを急いだ時、満子さんの顔には苦痛が現れていましたが、ゆっくり歩き始めると、明るい笑顔が見えてきました。私は（音《おと》だけで、音《ね》の世界が失《な》くなると、笑顔は生まれてこうへんなあ。笑顔はイエスさまの恵みや。そやから笑顔は私たちを明るくし、優しくしてくれるんやなあ）と感じて、心が自然に安らかになりました。

さて、現代に生きる私たちは速さを尊び、見えるものや知恵を大切にして、合理的に前に進むことを人類の進歩ととらえています。しかし、私はその結果が地球を滅ぼしているように思います。(合理的な音《おと》が聞こえても、非合理な音《ね》が聴こえない進歩は、総《すべ》てを破壊する力をもっているなあ)と感じるのです。

聖書は、「さあ、これを聞け。愚かで思慮のない民よ。彼らは目があっても見ることがなく、耳があっても聞くことがない」(エレミヤ五・二一)、「私たちは見えるものにではなく、見えないものに目を留めます」(Ⅱコリント四・一八)と語っています。

見えるものに頼り、便利さを求めて不便を捨て、速く進む合理的社会に順応している現代人の多くは、ゆっくり歩けないために、御言《みことば》である見えないもの、音《ね》は聴こえないのではないでしょうか。また、人間は見えるものを主体にして考えますが、御言は見えないものが基になっています。そのために、人間の知恵から生まれた考え方とイエスさまの御言の意味は反対になることが多いと思います。

このことを感じ、私たちは見えるもの、音《おと》を力にして、知恵や賢さで歩むだけでなく、人間の愚かさを知り、現代の速さの中に立ち止まり、ゆっくり歩きながら音《ね》を聴く心を広げる必要を深く感じている私です。音《ね》を捨てた時、イエスさまの御言は、永遠に私たちには届かなくなります。

信仰から謙虚が

たくさんの優しい心が

止揚学園《しようがくえん》の秋休みが始まり、入園している仲間たちが自宅に帰りました。しかし、三田さんは両親が亡くなっていて帰宅できませんでした。私は尋ねました。

「家に帰れへんたら寂しいやろう」

「寂しいあらへん」

不思議に思い、聞き返しました。

「なんで寂しいあらへんのや」

「家、優しい心二つ。止揚学園、百」

と三田さんが答えました。(家には両親の優しい心が二つある。止揚学園は多くの人がいて、たくさんの優しい心がある。だから寂しくない)と語ったのだと思います。

私は、三田さんのことばに明るくなる自分を感じていました。

しかし、現代は三田さんのことばとは反対のことが多く、たくさんの人が集まると自分の立場からの意見や主張が多出し、優しい心が消えて、他者への非難が始まることがよくあります。私は（なんでやろう）と三田さんの心に出会って考えてしまいました。

高慢は悪である

私は、優しい心、愛が満ち、皆が仲良くできる道を父から教えられました。

私の父は百六歳で天上に召されました。滋賀県の男性最高齢でした。よく「イエスさまのお迎えがあれば、喜んで逝《い》くよ」と語っていました。優しい、美しい死でした。

父は韓国の南海島《ナメドン》という小さな島に生まれ、二十歳頃、日本に来て、滋賀県の近江八幡でバスやハイヤーの運転手をしていました。その時に日本の女性と結婚し、一柳《ひとつやなぎ》米来留《めれる》（メレル・ヴォーリズ）先生との恵まれた出会いがありました。そして、初期の近江兄弟社で自動車の運転手として働き始め、退職するまで人生の大半をその会社に捧《ささ》げました。この間、帰化をして日本人になり、私が生まれました。

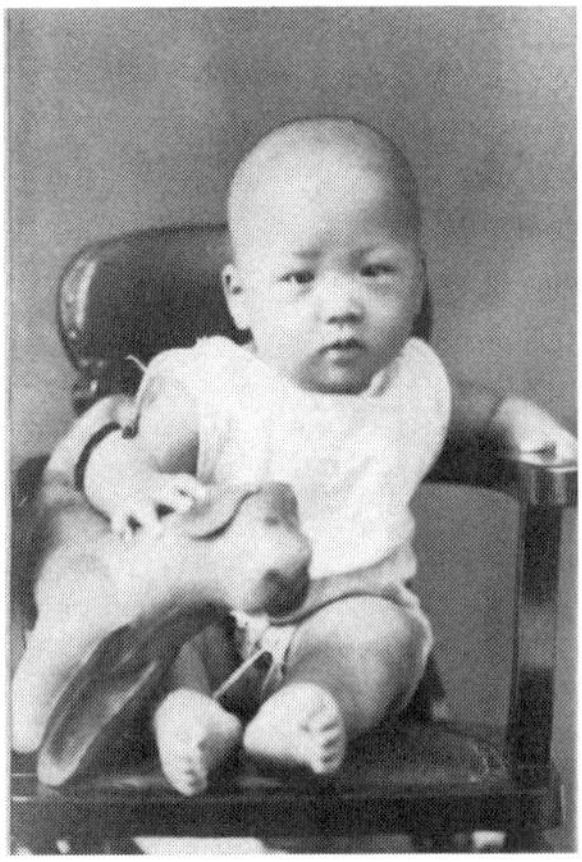

生まれて3か月の筆者

父と2歳の筆者

過去、韓国人への差別が強い時代を生きた父は、いろいろな苦しみを持ち、結婚の時も大きな壁があったことを思います。その壁を、信仰から生まれた愛によって貫いたのです。

しかし父は、その時受けた試練のことは一度も子どもの私たちに伝えたことがありませんでした。反対に多くの人からどのように温かく支えられ、励まされたかを感謝とともに語っていました。また、ヘレン・ケラーさんとメレル先生を自動車に乗せて琵琶湖を案内し、「運転が上手だ」とヘレンさんから誉《ほ》められたことなどを楽しそうに話していました。

父は他者の噂話《うわさばなし》、非難を口に出さない人でした。その心は父の謙虚さから生まれ、この謙虚さは信仰から育ったのだと思えてなりません。

私は、信仰の確立は「謙虚であること」「感謝を忘れないこと」「希望を失わないこと」「忍耐をもつこと」から生まれることを父から教えられました。信仰は私たちを謙虚にしてくれます。

信仰から育った謙虚は、優しい心を失《な》くさず、真の強さを創《つく》る激しいエネルギーの表出なのです。人間として弱々しい父でしたが、キリスト者として真の強さをもった父でした。

さて、私たちは自己中心的な思考で自分の意見を正と主張することが多いのですが、この時、自分が謙虚さを失くしていることに気づくのが難しいものです。それを気づかせてくれるものが聖書の御言《みことば》であり、イエスさまから与えられた信仰なのです。「謙虚でありなさい。悪に対して悪を返さず、……逆に祝福しなさい」（Ⅰペテロ三・八～九）、「あなたがたは大言壮語して誇っています。そのような誇りはすべて悪いことです」（ヤコブ四・一六）と聖書は語っています。

もし、キリスト者の私たちが人間の知恵や主義だけでなく、御言を、信仰を基にして考え、行動することができれば謙虚になり、他者を非難しない平和な世界が育ちます。三田さんの「多くの人がいる所にはたくさんの愛がある」という心が生きる明るい社会が生まれます。

私のキリスト者としての歩みは、父にはどうしても及びません。しかし、（父の足元までは たどりつく努力をせんとあかんなあ）と祈る今日この頃です。

愛はヌクモリです

温かい手

ここでは「キリスト教福祉」についての私論を述べてみたいと思います。

ある時、私と手をつないで山道を歩いていた止揚学園《しようがくえん》に入園している仲間の一郎さんが、

「あったか、手、あったかい」

と笑顔で言いました。私も楽しくなり、二人の笑い声が静かな山中に広がりました。そして、一郎さんの手から心のヌクモリが伝わり、私の心が明るく、優しくなりました。

その中で、（心のヌクモリは総《すべ》てを優しくさせる泉や。だれもがこのヌクモリを惜しみなく伝え合うことができたら、平和な地球が育つなあ。イエスさまの愛もヌクモリなんや。そやから愛に包まれると私たちの心が和み、安められ、優しくなるんやなあ。キリスト教福祉の場ではこの愛のヌクモリを多くの人たちに伝えることが最も大切なことや）とシミジミと感じ、一郎さんに感謝をし、恵まれた時でした。

キリスト教福祉とは

私は「キリスト教主義福祉」と「キリスト教福祉」は別のものと考えています。キリスト教主義福祉は、人間の立場からの知恵で聖書を自己解釈して、行動する福祉です。これは他宗教や無神論の人たちでも、キリスト教を自分の主義にして進めることができます。キリスト教福祉とは、イエスさまに与えられた信仰から祈り、啓示を通して聖書を読み、そこで与えられたことを行動する福祉です。人間中心のキリスト教主義福祉とイエスさまからの召命を感じて取り組む福祉には、基本的に大きな違いがあります。

次に私は、教会、信徒、キリスト教福祉の場の三つは一つのものだと考えています。教会の祈り、牧師や信徒の信仰、その両者を支えの力にして、福音を行動するのがキリスト教福祉の場なのです。そして、私たちが弱い側に立たせた人たちに謝り、共に歩み、どんな小さな生命《いのち》をも大切にし、力を合わせてイエスさまの愛のヌクモリを伝えていく、そこにキリスト教福祉の場の務めがあります。

だから、キリスト教福祉の場にいる私たちが、教会、牧師や信徒を非難したり、ないがしろにしたりすると、福祉の場は弱くなり、滅びに入ります。反対に教会、牧師や信徒がキリスト教福祉を軽視するようになると、教会は弱体化し、牧師や信徒のキリスト教への考え方が狭くなってしまいます。

このように私は(教会、牧師や信徒、キリスト教福祉の場は一つのものや。心や力を合わせて歩むものなんや)と考えています。

さて、私はこの世界に入り、六十数年間、心の優しさについて語り、書き、行動してきました。「いつも同じことばかり、進歩がない」と言う人もいると思います。しかし、新約聖書は長い間、同じこと、愛を語り続けています。御言《みことば》は永遠に変わらない真理だからです。真理は一つしかないのです。そして、私たちがその聖書を読むと、いつも新しく深いものを感じ、生きる勇気を与えられます。その力は継続にあったと思います。私はそのことを信じ、これからも「優しい心、見えないもの、愛」の大切さをいつまでも変わらず語り、行動し続けます。そして、それがキリスト教福祉であることを信じ、歩みたいのです。

最も大切なもの、御言《みことば》

鬼さんを大事にしよう

ある時、止揚学園《しようがくえん》で「桃太郎」の劇の練習をしました。主役の三田さんが「鬼を退治しよう」という台詞《せりふ》を、「鬼さんを大事にしよう」と語りました。私は慌てて言いました。

「そこは〝鬼を退治しよう〟と言って、鬼をやっつけるんや」

「いやや」

きっぱりと三田さんが言いました。私は不思議に思って、尋ねました。

「なんで嫌なんや」

「みんな仲良くしたら楽しいやろう」

そのことばに、私はハッとしました。

桃太郎は（自分は正しい）という正義で鬼を退治するのですが、力で制し、つくった平和はいつかは崩壊します。三田さんは（許《ゆる》しをもたない「桃太郎物語」論理では真の平和は築かれない）と感じ、「鬼さんを大事にしよう」と言ったのだと思いました。私は（桃太郎が鬼を大事にする方法論なら、どんな困難な問題でも明るく解決できるなあ）と深いものを教えられた時でした。

私たちはその場面を桃太郎と鬼が仲良くすることにしました。皆の笑顔が満ちました。桃太郎は勧善懲悪《かんぜんちょうあく》の物語なので、多数の人たちは（鬼を退治して当然）と考えると思います。しかし、聖書は多くの人たちと異なって、「愛をもって鬼を許しなさい」と教えています。このように聖書の御言《みことば》を心にして、行動すると、必然的に少数の人たちと共に歩むことになります。

聖書に帰ろう

聖書には、「私たち力のある者たちは、力のない人たちの弱さを担うべきであり、自分を喜ばせるべきではありません」（ローマ一五・一）と記されています。しかし、現実はこの反対が正とされているように思います。

現代では会議等で、意見のまとめは多数決でなされています。この方法に（これで良いのかなあ）といつも疑問を感じてきました。多数決はどんな時も多数の考え方が正とされ、少数の意見は否決されます。その場には「少数を大事にしよう」ではなく、「少数を退治しよう」という少数側無視や排除の考え方が強く働いていることを感じてしまう私なのです。

私は（多数側の人たちが少数側の意見を、数という力で抑えるのではなく、大切にして論じ合い、耳を傾ける優しい心の場があれば、皆が明るくなるのになあ）と多数決論理に空《むな》しさを感じてきました。

キリスト教の会議や話し合いの場でも、一般の会議と同じように多数の強い力で、いろいろなことが決定し、少数の人たちに悲哀や苦悩という試練を背負わせている現実がよくあります。この時、（多数側に立つ者が少数の人たちに重荷を背負わせていないかと反省できることが信仰や聖書に立つことや）と私は信じています。

今、私たちはイエスさまに与えられた信仰によって、祈りをもち、勇気をもって聖書に帰る時がきているようです。そして、その日こそ、私たちの生命《いのち》に光が輝く日なのです。

聖書の「弱さを担う」という御言と、三田さんの「鬼さんを大事にしよう」ということばには「愛」という共通点があります。愛は、人間が優しい心をもち、活《い》き活きと生きる力です。人間は、愛がなければ自分の、他者の尊厳を守ることができなくなるのです。

今は恵みの時、救いの日

忍耐から希望が

東日本大震災が起きて一年目の三月十一日に、私は、陸前高田で大津波に家を流され、母親、姉を天上におくった知人とその現場で、亡くなった時間に祈りの時をもちました。総《すべ》てが自然の力で壊されている所に立ち、(僕《ぼく》がこれから迎える出会いが、厳しければ厳しいほど信仰によって耐える心をもたされんとあかんなあ。その忍耐から希望が生まれるんや)と、イエスさまから与えられた信仰の大切さを深く感じた時でした。

その日の午前中は、日本基督教団大船渡《おおふなと》教会で聖日礼拝と知人の野沢さんの洗礼式に出席しました。

野沢さんから突然、「洗礼を受けます」と電話で連絡を受けた時、私は(真面目な仏教徒やった彼が、なぜキリスト者に変わるんやろうか)と不思議に思ったのですが、何も尋ねませんでした。おそらく、大津波で大切なものを失《な》くし、人生の究極に立って、人間の優しさ、醜さ、温かさ、冷たさを体験し、神さまへの畏敬《いけい》を感じたのではないでしょうか。そして、出席していた教会の祈りにより（イエスさまの愛の温《ぬく》もりで癒され前進します。イエスさま、共に歩ませてください。アーメン）と願い、受洗の決意をしたのだと思います。

こうして野沢さんはあの震災で総てを失くし、それから一年たった三月十一日に洗礼を受けました。イエスさまの温かさ、見えないものの深さをシミジミと感じた私でした。

イエスさまの子どもになる

野沢さんの洗礼式が終わり、フト私の受洗の時のことが心に浮かびました。私はクリスチャンホームに育ち、同志社大学神学部に入る時、何の葛藤もなく、野沢さんのような深い心の対決ももたず洗礼を受けました。

その私が洗礼について深く考えざるを得ない問題が起きました。それは、知能に重い障害をもった仲間たちの受洗を、出席していた教会に「〝イエスさまを救い主〟と告白できない人たちの洗礼はできない」と断られた時のことです。

その時から長い歳月、祈りと忍耐、試練の時をもたされ、そして、三十六人の仲間たちが洗礼を受ける輝く日を迎えることがで

能登川教会での仲間たちの洗礼式

きました。

洗礼式の前日、あるキリスト教誌の記者がこの仲間たちに洗礼の意味を尋ねてきました。私は（そんな難しいこと、わからんでもよいやんか。イエスさまの恵みはだれにでも降り注いでいるんや）と思いました。しかし、少し会話ができる三好さんが「僕《ぼく》の誕生日」「イエスさまの子どもになること」「みんなで仲良くすること」と答えました。

三好さんは、（洗礼とは、イエスさまの恵みによって新しく生まれ変わり、イエスさまの子どもになって、だれとでも心を合わせ、仲良く歩むことなのだ）ととらえていたのです。私はハッとして（凄《すご》いなあ。彼の答えは単純明快で聖書が示してくれている洗礼の本質や。洗礼のことを難しく考え、悩むよりも、洗礼を受けた後、キリスト者として聖書に示されたことを祈りつつ行動に示す努力をすることや）と、私の洗礼に対する今までのとらえ方を根本的に変えられた時でした。

知能に重い障害をもった仲間たちが能登川教会（滋賀県）で遠藤彰先生から洗礼を受けました。イエスさまの愛と恵みがあふれた日でした。キリスト教の世界に光が差し込んだ日でした。私は、（見よ、今は恵みの時、見よ、今は救いの日なんや）とこの仲間たちの洗礼式の中で心を優しくさせられていました。

生命《いのち》の息を吹き入れられた

楽しい食事は平和です

オリンピックが開かれ、テレビから「メダルを取った、取れなかった」「勝った、負けた」と私たちの感情を高揚させる実況放送の声が聞こえてきます。それに一喜一憂する人たち、涙、涙の選手たちが映し出されます。競技が行われている会場は、ミサイルや軍艦、飛行機等で守られています。それを見ながら（オリンピックは本真《ほんま》に平和の祭典かなあ）と疑問をもつのは私だけでしょうか。

ある冬、止揚学園《しようがくえん》の夕食で鍋を囲んでいた時、入園しているかつ子さんが「平和は皆と一緒にご飯食べることや」と言ったことばを思い出しました。

鍋から湯気が立ち、皆が笑顔で食事をしているそこに、何とも言えない温かい空気が流れていました。その醸し出される優しい雰囲気に囲まれて、私は（本真やなあ。皆が和気あいあいと心を一つにして鍋を囲んでいる。これが真の平和の姿や。聖書にはイエスさまが皆と一緒に食事をされ、そこには愛が満ちていたことがよく述べられているものなあ。楽しい食事は平和なんやなあ）とかつ子さんのことばに何となく納得をさせられました。勝ち負けを争い、勝つことや強いことが総《すべ》てというところには、平和とはかけ離れたものが生まれてくることを感じている私です。

生命《いのち》は神さまの領域

さて、「オリンピック、オリンピック」と騒がれている時、気になることがあります。このところ毎日三七度と私の子どもの時に体験したことのない酷暑が続いています。そして、大雨、洪水、地震、大津波、竜巻と地球は大荒れです。そのうえ、今まで氷で覆われていた土地が溶け始め、山が崩れ、干ばつで砂漠化が進んでいます。地球はこれからどこに行こうとしているのでしょうか。

地球は滅びに入っているようです。そして、そこに存在している生命《いのち》が消え始め、弱い動物や植物等の生命が絶滅しかけています。弱いものの生命が滅びるということは、いつかは強いもの（人間）の生命も滅びるということです。この滅びを進めているのは私たちです。

人間が自分たちの考えで、自由に生命をおかしてよいのでしょうか。生命はだれのものなのでしょうか。

「神である主は、その大地のちりで人を形造り、その鼻にいのちの息を吹き込まれた。それで人は生きるものとなった」と旧約聖書の創世記（二・七）にあるように、生命は神さまの領域のものであって、人間が自由にするものではありません。このことを忘れて、神さまへの畏敬《いけい》を捨て、人間の高慢がこの世を覆うようになれば、地球は、そこに存在する生命は、滅びてしまいます。

「神さまを畏れましょう。そして、福音を信じ、人間の作り出すものが総《すべ》てという人間至上主義を、地球や人類の進歩と考える高慢さを捨てましょう。謙虚を取り戻して、神さまに帰りましょう。勝ち負けや強いことだけが総てと争っていると、地球に不幸がやって来ます。人間が利己的な行為で生命を自由におかしていると、地球が滅びます。今こそ心から悔い改めましょう」と、地球という荒野に響き渡る声で叫び続ける預言者の出現を、真剣に待ち望み、祈っている私です。

「平和は皆と一緒にご飯食べることや」

このかつ子さんの叫びに地球や生命が救われる答えがあります。そして、このことばこそ未来への預言なのです。

罪人を招くために

にわとり、捨てたらあかん

止揚学園《しようがくえん》で鶏を飼っていた時、老化して産卵しなくなった鶏を、私たちは「利益がでないので処分しよう」と話し合いました。

その夜、鶏の世話をしていた三田さんが、私のところに来て言いました。

「にわとりさん、捨てたらあかん」

「なんであかんのや」

「にわとりさん、みんな仲良しや」

厳しい顔をして、たどたどしく語る三田さんの話をよく聞くと、「産卵している鶏は、産めない鶏の分まで一生懸命に産んでいる。この鶏がひよこの時、産めなくなった鶏が産卵してひよこを守り、皆が仲良く生きていた。今、産む鶏だけを大切にすると、その鶏が高慢になり、権力をもって、産めない鶏を切り捨てる。そして、助け合っていた鶏の集団

（社会）が壊れ、皆が不幸になる」と語ったのです。この考えに私は（凄《すご》い。三田さんはほんまに優しいなあ）と考え込んでしまいました。

救いについて考えています

この頃、日本や世界の動向を見ていると、そこには強さを誇示し、勝ち、権力を得ようとする姿が、自分のみの利益を求める人間の欲があふれています。私たちがもし、この欲を捨てることができれば、三田さんの考えている平和な地球が生まれてくることを思います。

しかし、権力欲を捨てるのはとても難しいことです。権力者になれば、それを利用し利益を求め、権力に弱く自分を出せない人たちを従わせて、優越感をもてます。だから、権力をもちたがる人が多いのです。

この欲が人間のもっている原罪（生まれながらにもっている罪）なのです。

原罪をもつ私たちにイエスさまは「わたしが来たのは、正しい人を招くためではなく、罪人を招くためです」（マタイ九・一三）と言われました。私はこの御言《みことば》に「罪人だから救われる」というイエスさまの深い愛を感じるのです。

私は（キリスト者としてイエスさまに誠実に従おう）と歩んできました。しかし、（今、考えて行動していることは人間的な欲が深く、御言に反しているなあ）と思うことがよくありました。そして、（イエスさま、また間違うた。ごめんなさい。アーメン）と謝罪の祈りを何度してきたことでしょうか。どれだけ「罪人だから救われる」というイエスさまの愛に支えられたでしょうか。

八十歳を過ぎて私は「救い」について考えることがよくあります。そして、（救いの日は死の時やないかなあ）と思うのです。

死はイエスさまの恵みです。私は生きている限り、欲や自我からなかなか抜けられません。それを捨てて悟りを開くことも難しいのです。（その私にイエスさまが御側《みそば》に逝《い》く日に原罪から解放し、真のキリスト者として救ってくださるんや）と信じるようになってきています。

聖書に「今は恵みの時、今は救いの日である」と記されています。私は（その「今」は僕《ぼく》の召される日なんや。その日こそイエスさまの救いにあずかる恵みの日、優しくて明るい日なんやなあ）と勇気を与えられています。そして、そのことを深く感じ、今ある人生を活《い》き活きと明るく歩み、三田さんの求めている平和を創《つく》る努力をしようと祈っています。

Ⅲ　優しい心はたからもの

みんな みんな 友だちや

「みちよちゃん」――私の心から、いつまでも消えない名前です。彼女は二十六歳で天に召され、二十三年が経ちました。今いたら四十九歳の女性で、「みちよさん」と呼ぶべきなのでしょうが、私には永遠に「みちよちゃん」なのです。

毎年、命日には彼女の家を訪れ、この年も行って、両親と想い出を語り合ってきました。

みちよちゃんは、近江の藁葺《わらぶ》き屋根の家が多い、静かな村で生まれました。家には囲炉《いろ》裏《り》があって、彼女が三歳の時に、そこに右手を突っ込み、五本の指が火傷《やけど》で癒着《ゆちゃく》し、使えなくなりました。

私は、みちよちゃんが六歳の時に出会いました。六歳とは思えないほど身体が小さく、痩《や》せこけて、おむつをし、大小便垂れ流し、側《そば》に寄ると、身体から異臭がしました。私は（この子とは共に歩めへん）と呆然《ぼうぜん》としたのですが、両親が「どこの施設でも、みちよを見ると、即座に入所を断られて」と、涙して訴えてこられ、一大決心で受けることにしました。その出会いが縁《えん》で、彼女が亡くなるまでの二十年間を共に過ごすことになりました。まず、みちよちゃんの癒着している右手の手術をすることになりました。手術は大成功、彼女の指が分離して、物をつかめるようになりました。あの時の両親や皆の喜びは、今も忘れることができません。至福の時でした。

彼女の想い出は、原稿用紙が何枚あっても足りないほどたくさんあります。嫌なことがあると大声で泣き叫び、座り込んで、うんこ、おしっこ、唾《つば》、鼻汁と不潔なものを自由自在に出し、私たちを困らせました。外を歩いていて、知らない人がいると、その前で倒れて、大声をあげ、相手の人が驚くと、大喜びです。

みちよちゃんのことは、毎日のように私たちの話題になりました。とにかく話題提供の第一人者でした。

人間のもつ冷酷《れいこく》さと非情さ

彼女の話をする度《たび》に、
「みちよちゃんはしようがない女の子やなあ」
「ほんまやなあ」
と言いながら、私たちの心が明るくなり、笑いで話が終わるのです。彼女は不思議な魅力の持ち主でした。

みちよちゃんは総《すべ》てのことを一語音で表現し、私を指さし、「フー」と呼んでいました。その親しみのある優しい呼びかけに、なんとも言えない彼女の温《ぬく》もりを感じていた私でした。

さて、今も心に深く残っていて、忘れてはいけない想い出、それはみちよちゃんが天に旅立った夜のことです。

みちよちゃんが原因不明の病で入院をしました。ある夜、父親から「みちよが危篤《きとく》です」と電話があり、私は自動車で二時間ほどかかる病院へ、（みちよちゃん、逝《い》ったらあかん）と祈りつつ駆けつけました。間に合いました。彼女は待っていてくれたのです。

病室に入り、しばらくすると、突然みちよちゃんが「子どもの笑顔を消さないで」という歌のメロディーを口ずさみ始めたのです。一番から二番、パタッとメロディーが消え、彼女の息がやみました。病室に静寂《しじま》が漂いました。

みちよちゃんたちが小学校に通っていた時、町の親たちが「知能に重い障害をもった子どもたちが学校にいると、私たちの子どもの勉強を邪魔して遅れてしまう」と言いだし、強制的に養護学校に移されることになりました。この時、みちよちゃんたちが「小学校に行く」と言って、涙をあふれさせました。そうした中で、私は（彼女たちの笑顔を消す学校のあり方は、どこかが間違っているなあ）と悲しみを感じ、その思いのうちに「子どもの笑顔を消さないで」という歌を創《つく》りました。ですから、みちよちゃんたちの「悲《ひ》」と「苦《く》」、「怒《ど》」と「恨《はん》」の交差する心を唄《うた》ったものなのです。

この四つの心は、ただの低俗な人間の感情ではありません。もっと、もっと深遠な、人間の心の奥底から生まれた叫びなのです。

人間は罪人です

その四つの心には、（私たちはみな、神さまから大切な生命《いのち》を与えられた同じ人間です。だから、だれも差別や疎外《そがい》をされない真《まこと》の人間社会を、心を合わせ、一つになって創《つく》ろうよ）という高度な精神が満ちています。

私は、みちよちゃんが「子どもの笑顔を消さないで」と、病院のベッドの上で唄いっつ召された瞬間、（彼女は小学校を出された時の悲と苦、怒と恨を今日まで持ち続けてきたんや。そして、町の子どもたちに「みんな、みんな友だちや」と訴えながら、いっしょに学びたかっ

たんやなあ。そんな学校を創れなくて、ほんまにゴメンな）と、深い謝りをもちました。今ももっている私です。

私は長い間、知能に重い障害をもった仲間たちと歩み、人間の自己中心から生じる「冷酷」と「非情」に何度も出会い、四つの心をこの仲間たちと共有してきました。私たちはいつも自分の得《とく》や幸せを求め、（自分に負担がかかって、損をする）と思う相手を平気で裏切り、切り捨てます。そして、自分を守るためには（私の考えや行動は正しい）と自分のもつ正義を主張し、相手の心や生命《いのち》を平気でおかす冷酷、非情を心の奥深いところにもっています。私もそうですが、それが人間なのです。

この人間ではどうにもできない原罪（総《すべ》ての人間が生まれながらにもつ罪のこと）を自覚して、（私は罪人やなあ）と心に深く響いてくる時はじめて神との対話が生まれてきます。イエスさまは「わたしが来たのは、正しい人を招くためではなく、罪人を招くためです」（マタイ九・一三）と語っておられます。

世界の総ての人間が、自分の冷酷と非情という原罪に気づき、神さまとの対話ができるようになれば、神さまの愛と許《ゆる》しに包まれ、自分の原罪が昇華《しょうか》されて、相手を思いやる優しい心が育ちます。その時に、みちよちゃんたちが涙を流さなくてもよい、「子どもの笑顔を消さないで」と唄わなくてもよい社会が生まれてくるのです。

希望は失望に終わらない

先日、舞鶴《まいづる》の引揚《ひきあげ》記念館《きねんかん》が新しく改装されたことを知り、私も満州《まんしゅう》（現・中国東北部）の奉天《ほうてん》（現・瀋陽《しんよう》）から引き揚げてきたので興味があり、見に行きました。記念館には第二次世界大戦後のシベリア抑留《よくりゅう》や、満州引き揚げ当時の資料が展示されています。舞鶴港には一九四五年から十三年間に、六十六万人余りの引揚者が船で帰って来ました。館内で、引き揚げて来た人たちの厳しい、苦しい体験を展示物で見ながら心を熱くしていました。

私は戦前、中国、韓国、日本の三か国の人たちと「満州メンソレータム」という会社の中で、助け合い、仲良く生活をしていました。全員がキリスト者でした。敗戦後も信仰を通して、外国の人たちが支えてくださったので、館内で展示されている人たちのように厳しいことには出会わず、のんびりしていました。引き揚げた時も、笑顔を絶やすことなく日本に帰国しました。

今から考えると、（僕《ぼく》は多くの引揚者が味わった苦労を知らへん恵まれた人間やったん

満州から引き揚げて来た時の一家

やなあ）と感無量な思いになります。そして、イエスさまの優しい愛を、信仰をもたされた人たちの温かい心をシミジミと感じて、（イエスさま、皆さま、本真《ほんま》にありがとうございました。アーメン）と再び、新たに、感謝でいっぱいになります。

展示を見終わり、記念館の庭園から見える、沈む太陽に赤く染まった舞鶴港の美しい景色に見とれながら、（シベリアで抑留されたり、満州で残された人たちは、亡くなった人も、帰国できた人も〝必ず日本に帰れる日がくる〟という希望を捨てへんたのやなあ。その希望が厳しい現実に耐える力になっていたんや。希望って凄《すご》いものを秘めているんやなあ）と心打たれました。

楽しくなることが希望

その日は雪で、自然は白、しろに覆われていました。雪の中を歩いていると、清子さんがぶすっとした顔で近づいてきて、唐突に話しかけました。

「あんな、希望ってなんや」

その質問に事情がわからず、よく聞いてみると、保育士さんに「清子さんはいつも希望をもっているの」と尋ねられ、知能に重い障害をもつ彼女には、（希望をもつ）ということが理解できずに、気分を害したらしいのです。

私は（どう説明したら清子さんに希望の意味がわかるんやろう。困った）と少し迷いながら聞きました。

「清子さん、神戸を知ってるか」

「知ってる」

「そうか、そうやったら（神戸に行って、ケーキを食べたいなあ）と思ったことがあらへんか」

「ある、ケーキ大好き」

「そんなこと思ったら楽しくなってくるやろう。その楽しくなる心が〝希望をもつ〟ということなんやで」

「楽しくなることが希望か」

「そうや」

ケーキに目のない清子さんは、ケーキ利用の説明で「希望をもつ」という意味がわかって気分が直ったのか、顔に笑いがかえってきました。しかし、私は（希望をこんな軽い話で理解させてよいのかなあ）と少し反省しつつ、「楽しくなることが希望か」と言った清子さんのことばに、（単純な考え方やけど、希望を真の意味でとらえているなあ）と嬉《うれ》しくなりました。

辞書によると、希望とは「未来に対して明るい見通し」「こうあってほしいと願望すること」と述べています。聖書には「患難《かんなん》は忍耐を生み出し、忍耐は錬達《れんたつ》を生み出し、錬達は希望を生み出すことを、知っているからである。そして、希望は失望に終ることはない」（ローマ五・三〜五、口語訳）と示しています。患難は「大変な苦労」、錬達は「練習をつんで上手になる」との意です。

いつかは光が

希望とは、辞書や聖書に書かれているように、どんなに苦しく、悲しいことに出会っても、明るい未来を見つめさせて、それに耐える力を与えてくれるものなのです。私たちは希望を失《な》くすと、生きることが辛《つら》くなってきて、死を求める人も生まれます。希望をもつことは明に達し、希望をなくすことは暗に通じるといっても過言ではありません。

「艱難汝《かんなんなんじ》を玉《たま》にす」という諺《ことわざ》があります。大変な苦労に出会っても、（いつかは道が開ける）という希望をもって、それに耐えた時、立派な人間に育つことができるということを教えていることばです。この諺は私たちに、（いつかは）という希望が人生の道程に光を輝かせてくれることを語っています。

私も八十数年の人生の中で、希望を失って心を暗くし、（こんなに弱い僕《ぼく》は人間として生き、存在しても意味があらへんのと違うやろうか）と悩み、自分で自分を否定してしまうことが何度もありました。このような時は（イエスさま、助けて）と願いつつ聖書を読みました。特にイエスさまの弟子パウロの手紙が、私の大きな力になってくれました。

パウロが自分のもつ弱さを、イエスさまに「取ってほしい」と願った時、「わたしの恵みはあなたに対して十分である。わたしの力は弱さのうちに完全に現れる」という御言《みことば》を聞き、素直に「自分の弱さを誇りましょう。……というのは、私が弱いときにこそ、私は強いからです」と悟

っています（Ⅱコリント一二・八～一〇）。

このパウロのことばが弱さの自己否定から私を抜け出させ、いつも聖書が希望を与えてくれました。

今は見えないものを無視し、生命《いのち》をおかし、地球を汚してイエスさまの御言に従わない私たちが、黒の時代を作っています。この時に「希望は失望に終ることはない」という御言を心して、私たちの罪の許《ゆる》しを乞いつつ、明るく歩もうと祈る私です。

花　笑ってる

日本は三か月ごとに春夏秋冬が訪れます。春には、あちらにもこちらにも生命《いのち》が目を覚まし、その息吹が聴《き》こえてきます。夏には、総《すべ》てを焼き尽くす太陽が激しく輝きます。秋には、自然が赤、黄、緑と美しい色に覆われます。冬には、白い衣をまとった踊り子たちが舞い降りてきます。日本は、四季の移ろいがはっきりと感じられる豊かな国です。

しかし、近年、人間の利己的な行動と知恵で、地球の温暖化が進み、日本もこの影響で四季が崩れ始めてきました。（このままだと美しい国が消えてしまうなあ）と一抹《いちまつ》の寂寥《せきりょう》感《かん》をもつとともに、（地球の温暖化を止めんとあかん）と心がどよめく私です。

笑いは光です

さて、初春のある日のこと、私は日溜《ひだ》まりに可憐《かれん》な白い花が顔を出しているのを見つけました。（ワー　春が花を運んできてくれた。春や、花や）と嬉しくなり、側《そば》にいたかつ

子さんに、

「あそこに可愛い花が咲いているわ」

と語りかけました。しばらく花を見ていた彼女が、ポツンと言いました。

「花　笑ってる」

「エー　ほんまに花が笑うの」

と答え、かつ子さんのことばを疑うような返事をしてしまい、（しまった。彼女の心を無視し、悪いことをしてしまったなあ）と後悔したのですが、後の祭りです。その私に、

「ウン　笑ってる」

と、かつ子さんは（当たり前や）と言わんばかりに答えました。このようにきっぱりと言われると、不思議なことに私も、花が目を細めてニコニコと微笑《ほほえ》んでいるのが見えてくるように思えました。

かつ子さんは知能に重い障害をもっていますが、あまり物事にとらわれない明るい性格の女性です。その持ち前の明るさに花の笑顔が映ってきて、思わず「花　笑ってる」と呟《つぶや》いたのです。明るい心は笑いが包みます。

私はかつ子さんの朗らかな声に、楽しさがあふれてきて、（どんな時でも物事を暗くとると、自分も皆も苦しくなるけど、明るく考えると、総《すべ》てが笑いに変わるんやなあ。笑いは自分も、他者も光の途《みち》を活《い》き活きと歩ませる糧《かて》なんや）と教えられていました。いろはがるたに、「笑う門《かど》には福来る《ふくきた》」という句があります。「いつも笑顔の人、笑い声の絶えない家には、幸運がやってくる」という意です。

しかし、私は悩みに苛《さいな》まれると、（苦しい時こそ笑わんとあかん）と心に思うのですが、苦しみの重圧からなかなか脱せられません。そして、（悩みは笑いにまさるなあ）と感じ、心がドンドンと暗くなっていきます。苦悩を背負った時、私は自分の力や知恵ではそれを解決できず、オロオロとしてしまいます。

このような時、旧約聖書のヨブ記がよく心に浮かびます。そこに、「見よ、神は全《まった》き人を捨てられない。また悪を行う者の手を支持されない。彼は笑いをもってあなたの口を満たし、喜びの声をもってあなたのくちびるを満たされる」（八・二一、口語訳）ということばがあります。「全き人」とは、欠けたところのない完全な人間という意です。

このことばは、主人公のヨブが神さまから多くの苦しみを受け、（なぜこんなに私を苦しめるのですか）と深い悩みを訴える姿に、友人ビルダデが「ヨブは罪人だから神さまが罰として苦難を与えられたのだ。ヨブが全き人ならば、神さまは笑いと喜びで満たされるはずだ」とヨブを厳しく責めて、悔い改めを強く迫った時のものです。しかしヨブは、（友人の語る因果応報《いんがおうほう》の道徳的信仰観は間違いだ。神さまは義と愛で苦しみを与え、私の信仰を試しておられるのだ。必ず私に笑いを満たしてくださる日が来る）と信じていたのです。ヨブはどんなに苦しくても信仰を棄《す》てない、信仰の人なのです。

笑いが薄くなる今

ヨブ記を読んでいると、（なんで信仰の人ヨブが、神さまからこんな苦しみを受けたんやろうか）と考えてしまいます。しかし、ヨブはその解決を総て神さまに任せています。いろいろなことに出会い、解決を迫られた時、（自分の途《みち》は自分で選ぶ）と人間（自分）中心のとらえ方を大切にして、それを貫き通す人がいます。その人生観は、（強くて、素晴らしい人だ。私もこのような生き方がしたいものだ）と多くの人に尊敬されます。しかしこのような時、（神さまはいつも私と共に歩み、必ず正しい途《みち》を創《つく》ってくださる）と深く信じ、苦しくても積極的にその日を待ち望み、耐えるヨブのような人もいます。

弱さをもつ私は苦しさや悲しさに包まれると、ヨブのように悩み、「助けて」と神さまにすがりついて、「神さまに逃げるのはずるい」と友人に言われます。

しかし、聖書を読み、神さまと対話をしていると（対話といっても、神さまに突っ掛かり愚痴るだけで、祈りとはほど遠いものです）、少し心が静まって不安や雑念が消え始めます。そして、（悩んでもしようがないなあ）といつのまにか笑いを取り戻している自分がいます。ヨブ記が教えているのは、このことではないでしょうか。

かつ子さんが「花　笑ってる」と呟《つぶや》いた時、彼女は自分が花になっていたのです。だから、花の笑顔が見えたのです。かつ子さんが人間に立っていたら、あの美しい、優しい場は生まれずに、自分を、総ての人を明るくする笑いは届けられなかったと思います。

（生命《いのち》が大切にされ、笑いが満ち、光り輝くようになってほしい）との祈りとは裏腹《うらはら》に、たくさんの生命をおかす闇が厚くなり、笑いが薄くなっています。そのような中、私たちは人間（自分）のみに頼らずに、かつ子さんが花のささやきに耳を傾けたように、神さまのことばを聴く素直な心をもちたいものです。その時、地球は真の笑いに包まれるのです。

緑色は柔らかいなあ

新緑で眩《まぶ》しく輝く初夏のある日、私は、(春の色は繊細やけど、夏の色は力が漲《みなぎ》って、新鮮さが伝わってくるなあ。自然の色は、私たちに活《い》き活きと生きる糧《かて》を与えてくれる暖かさを秘めているなあ）と、新緑に包まれ、感じていました。

緑は私たちを和ませることばとして使われることがよくあります。「嬰児《みどりご》」や「みどりの黒髪」もその一例です。

「嬰児」とは初々《ういうい》しく、可愛いらしくて、見ているだけで心が穏やかになる赤子のことです。「みどりの黒髪」とは女性の艶《つや》のある、美しい黒髪のことです。

このように緑は柔らかさ、安らかさを表し、人の心を引きつける力をもっています。

旧約聖書の詩篇にも、神さまの愛の表現として緑が出てきます。私の大好きな御言《みことば》で、「主は私の羊飼い。私は乏しいことがありません。主は私を緑の牧場に伏させ　いこいのみぎわに伴われます」(二三・一〜二）という美しい詩があります。

神さまは私の羊飼い（指導者）であって、私は神さまに守られている羊（信者）です。神さまはどんな時でも、私を棄《す》てられることはなく、私は何の不安も心配もない、フサフサと緑の草が生えている豊かな土地に、そして、ゆったりと憩《いこ》える汀《みぎわ》（水辺）に必ず連れて行ってくださる。その神さまの愛に感謝し、安心して従って行こうと詩篇の作者はうたっています。

やはり聖書でも、緑は私たちを優しく守る、愛の象徴として述べられています。緑は私たちの心の休まりのことばなのです。そのような緑に満ちた初夏の一日、近くの山からほととぎすの鳴き声が、激しく聞こえてきました。

ほととぎすの鳴き声に

ほととぎすは辞書によると、「時鳥《ほととぎす》」「杜鵑《ほととぎす》」「子規《ほととぎす》」「不如帰《ほととぎす》」と四つの単語で表されています。私は、（「子規」は、正岡子規《まさおかしき》が創刊した俳句雑誌『ホトトギス』から、「不如帰」は徳冨蘆花《とくとみろか》の小説の題名『不如帰』からとられたんやないかなあ）と思っています。

ほととぎすは渡り鳥で、初夏に東南アジアから日本に渡って来ます。そして、鶯《うぐいす》の産んだ卵を巣から落として、その数だけの卵をその巣に産み、鶯に卵を孵《かえ》させ、成長するまで世話をさせます。これを托卵《たくらん》といいます。ほととぎすは、自分では子鳥を育てない「ちゃっかり鳥」なのです。

ほととぎすの鳴き声が続きます。その声に耳を傾けていると、知能に重い障害をもつ信喜くんがやって来て、尋ねました。

「あれ、なんや」

「あれはほととぎすという鳥や」

「ほととぎすか」

「春になると、鶯がホーホケキョと鳴くのが聞こえるやろう」

「ホーホケキョか」

「そうや、夏になると、今度は鶯にかわって、ほととぎすが鳴くんやで」

「へー」

「ほととぎすはなあ、〝てっぺん欠けたか〟とか、〝特許許可局〟と鳴くんやで、面白いやろ」

「面白いなあ」

信喜くんは彼ら特有の鸚鵡語《おうむご》（相手の話を繰り返すことば）で答えました。

この仲間たちと話をしていると、わかっても、わからなくてもニコニコ笑顔で聞いてくれます。信喜くんの笑顔で、私も楽しくなり、（鳥や花など自然の中で生命《いのち》あるものは、私たち人間を温かく支えてくれてるんやなあ）と心がホノボノとしてきました。

二人の話の間も、ほととぎすは鳴き続けました。鶯の鳴く音はしなやかですが、ほととぎすはこれでもかと迫ってくる激しさがあります。私は、（鶯は優しい春が似合うけど、ほととぎすは夏がぴったりや）と感じていました。

生命《いのち》は神さまのもの

信喜くんとの対話の日から十日ほどした朝、新聞を読み、私は（またや）と心が少し闇になりました。

その日の新聞の紙面には、戦争、テロ、殺人、自動車事故、火事、老人の認知症や貧困問題、介護の困難、オレオレ詐欺と暗いニュースが満載、たくさんの生命が亡くなっていました。政治面を読むと、（日本は確実に軍備をもち、平和憲法を棄《す》てる国に変わるなあ）とドキドキしてきました。

鳥や花などが生命の大切さや、生きる深い意味を教えてくれています。しかし、人間の世界はそれを無視し、権力、金、自己防衛の欲が渦巻き、（自分に邪魔だ）と思う者の生命を平気でおかしています。この弱肉強食の考えを肯定する人も多く、それに否《いな》を唱える少数の人たちや、弱い側に立たされた人たちが苦しむことになります。正しいことが総《すべ》て正しくはならない人間の社会、なんて理不尽な場なのでしょうか。

ここで聖書は「生命」をどう証ししているかを考えてみたいと思います。生命についての御言はたくさんあります。その中で私の心に響くのは「この言《ことば》に命があった。そしてこの命は人の光であった」という新約聖書のヨハネの福音書の御言《みことば》です（一・四、口語訳）。

この御言のように、生命と光は万物（宇宙にある、総てのもの）の、そして、人間の一番大切で、本質的な要素をもったものなのです。

ヨハネの手紙第一には、「神が私たちに永遠のいのちを与えてくださったということ、そして、そのいのちが御子のうちにあるということです」（五・一一）と語られています。

聖書によると、生命は神さま（イエスさま）のもの、その生命を私たちに与えてくださった神さまの深い愛、その愛から生まれた生命は、人間だれもがおかせない大切なものと教えています。

しかし、私たちは生命を本当に疎《おろそ》かにしています。そんな今、鳥や花などの生き方に、そして、聖書の真理に学んで生命の大切さを真剣に考える時が来ているようです。

剣《つるぎ》を鋤《すき》に　槍《やり》を鎌《かま》に

「日本国民は、正義《せいぎ》と秩序《ちつじょ》を基調《きちょう》とする国際平和を誠実《せいじつ》に希求《ききゅう》し、国権《こっけん》の発動《はつどう》たる戦争と、武力による威嚇《いかく》又は武力の行使は、国際紛争を解決する手段としては、永久《えいきゅう》にこれを放棄《ほうき》する。

②前項の目的を達するため、陸海空軍その他の戦力は、これを保持しない。国の交戦権は、これを認めない。」

これは、私たちがよく知っている日本国憲法の第九条です。

私が中学生の時、戦争が終わり、日本国憲法が発布されました。この九条を学んだ時に、これまで「戦争は正しく、善」として教えられていましたが、急に「戦争は生命《いのち》や平和をおかす悪」として永久放棄を宣言する条文に接して、子どもなりに戸惑いを覚えたのを思い出します。

その時から何度もこの九条を読み、学びました。そして、近頃の政治家たちの話を聞きながら、（こんな優しい憲法をもっているのは、世界の中で日本だけや。日本ってほんまに素晴らしい国や。もしもこの九条が憲法から消えたら、「戦争放棄の国」から「戦争のできる国」に変わり、他の国と同じになって、日本が地球に存在する意味がなくなってしまうなあ）と、私は心配しています。その思いの中で、今も心に残っている子どもの頃の戦争体験を少し書いてみます。

敵はみな悪人だ

あの時代、「鬼畜米英《きちくべいえい》」、「ちゃんころ（中国人を蔑視《べっし》した差別語）」という汚い、人間無視の言葉を聞かされ、（悪い国を滅ぼす戦いは正しい）と教え込まれました。私は子どもなりに、（ほんまやなあ。僕《ぼく》は大きくなったら、兵隊さんになって、悪い奴《やつ》をやっつける戦争に行くんや）と本気でした。そして、敵国の首長《しゅちょう》の顔を貼った藁人形《わらにんぎょう》を竹槍《たけやり》で突いて、人を殺す練習を一生懸命にして、（早く大人になりたいなあ）と思っていました。

また、戦地へ行く兵隊さんに向かって日の丸の旗を振り、大声で「勝ってくるぞと勇ましく」と軍歌を唄い、（敵をやっつけて手柄を立ててや）と送り出していました。戦死した兵隊さんのお骨を迎える時は、肉親の悲しみも考えないで、（勇猛果敢《ゆうもうかかん》に敵と戦って死なはったんやなあ。僕もこの兵隊さんのように国を守り、立派に死なんとあかん）と真剣でした。

よくいろいろな人から「達《たっ》ちゃんは男やから、兵隊さんになって戦地に行かんとあかんよ」と言われて、（僕は日本男児や）と男として戦う誇りをもっていました。

学校の運動会は戦争色であふれ、遊びも「戦争ごっこ」と、私の子どもの時はいつでも戦争とは切り離せない生活を強いられていました。

私の母はキリスト者として、（生命《いのち》をおかすものは間違いだ。神さまから与えられた生命を奪うことをしてはいけない）と戦争に反対し、「非国民《ひこくみん》（日本人でない）」と呼ばれました。そのため私は「非国民の子ども」として、学校の先生や警官から厳しい扱いを受け、母に対して（お母ちゃんは日本人やあらへんわ。非国民や）と大きな抵抗感をもっていました。国民学校（現・小学校）で「日本は神国《しんこく》です。負けることはありません」と教えられ、（この戦争は正しい）と信じていたため、（なんで僕が非国民なんやろう）と不思議な思いと哀《かな》しみが交差していたのです。

このような想い出をもつ私は今も、「戦争」という言葉に敏感に反応してしまいます。戦争の多くは、その時代の強い側に立つ人たちの考えで始まります。その人たちの立場から（敵国は悪いことをしている。悪を滅ぼす戦いは聖戦《せいせん》なのだから、心を一つにして戦おう。正義は悪に勝つ）という自分本位の考え方や宗教観から間違った正義をつくり出し、その正義が大道《たいどう》を歩み始めます。その中で（人を殺す戦争は悪）という真理は隠されます。こうして、（悪い人間を殺すのは正しい）と冷たさが大きくなって、（生命をおかしてはいけない）という温かい愛がなくなってしまいます。人間は、他者を思いやる心が消えると、驚くほどの非情さや冷酷《れいこく》さを出してしまいます。戦争は人間を冷たくし、その人格をも変える怖さをもっているのです。

人間のもつ弱さ

さて、戦争中、強い側の人たちが戦争をする正当性を強く主張すると、（深い信仰や精神、英知をもつ人は別にして）多くの者は洗脳されて、疑うことなくそれを信じてしまいます。もしもこれに反対すれば、「非国民」として多くの人の冷たい目に囲まれたり、罰せられたりします。それが怖くて、（強い人や多数側に従ったほうが得《とく》だ）と黙ってしまいます。私たちはひとりで、強い人や多数の人に反対できない弱さをもっています。恐ろしいからです。

もう一つ恐ろしいのは、正しいことを教える教育が、戦争を進める人たちによって捻《ね》じ曲げられてしまうことです。子どもたちは、社会や学校で戦争遂行のために（人を殺す戦争を、悪でなく善）と教えられるのです。そして、戦争で敵を殺して死ぬ、その死を恐れない教育を受けます。子どもたちは、「敵」と言われる人間の死や生命《いのち》に畏敬《いけい》を払わなくなり、人間性がゆがめられるのです。

戦争放棄を明言する憲法は、心や生命という見えないものを大切にする真の教育を守り、子どもたちを悲劇から救って、幸福にするものです。ですから、第九条を消してはならないのです。

「彼らはその剣を鋤に、その槍を鎌に打ち直す。国は国に向かって剣を上げず、もう戦うことを学ばない」（イザヤ二・四）。

これは紀元前八世紀後半に書かれたイザヤ書（旧約聖書）の言葉です。聖書は二千七百年も前から、国と国が戦わず、皆が愛をもち平和に歩むことが栄えをもたらす、と教えています。

日本国憲法第九条は、剣や槍にかえるものではなくて、永遠に鋤や鎌となって、どの国も「敵」としない、豊かで平和な日本の国を創《つく》り、育てる基《もと》になるものなのです。

私は一人のキリスト者として、このイザヤ書の言葉を、日本国憲法第九条を心に深く刻みつけて、子どもたちにもそれを教え、（日本は世界で唯一、戦争をしない、人間を大切にしている国や）と胸を張って歩もうと思います。

夢の中でおばちゃんと

その夜も、いつものように身体に薄くメンタームを塗り、マッサージを一時間ほどして、しばらくテレビを見、寝床に就きました。私は四十数年、この身体のマッサージを続けていて、「メンターム・マッサージ」と名づけています。

さて、私はめったに記憶に残る夢を見ないのですが、一柳満喜子《ひとつやなぎまきこ》先生がこの夜夢に現れて、生前のように優しい笑顔で「達《たっ》ちゃん」と何度か呼びかけてくださいました。私は嬉《うれ》しくなり、「おばちゃん」と叫び、走り寄ろうとして目が覚めました。少し経《た》ちボンヤリとしていた頭が元にかえり、（不思議やなあ、なんで夢におばちゃんが出てきやはったんやろう）と考えていました。

窓のカーテンを開けると、朝の太陽で木の葉がキラキラと光り、何羽かの燕《つばめ》や雀《すずめ》が電線に並び、とまっているのが目に入ってきました。

そこで、夢に見た満喜子先生の想い出を書こうと思います。

おばちゃんの好物

私の家は満喜子先生の名前をいただいて、妹は「満喜《まき》」、弟は「満雨《みつう》」といいます。私は満喜子先生を「おばちゃん」と呼んでいました。

さて、四年ばかり満喜子先生の結婚記念日のお祝いを止揚学園《しようがくえん》でしていました。初めて来られた時、入園していた子どもたちがワーと満喜子先生を取り囲みました。彼らは天衣無縫《てんいむほう》で、私たちの常識は持ち合わせていません。（そこが彼らの素晴らしいところや）と私は思っています。

子どもたちが尋ねました。

「このおばさん、だれ」

私は（失礼なことを言いよる）と冷や汗をかく思いで、そっと満喜子先生の顔を見ると、笑顔をしておられたのでホッとしました。子どもたちは私の気持ちなぞそっちのけです。

私は慌てて説明をしました。

「あんな、このおばちゃんは満喜子先生というて、僕《ぼく》の幼稚園の時の園長さんや。僕が子どもの時からお世話になっている大切な先生や。おばさんやあらへんで、わかったなあ」

子どもたちは「満喜子先生か」と一斉《いっせい》にうなずいてくれました。

でも、これだけでは終わりません。

満喜子先生が私に「達ちゃん」と呼ばれるのを聞いた子どもの一人が、

「達ちゃん違う、福井先生やで」

と遠慮なく言いました。私はドキドキです。しかし、満喜子先生が私の顔を見てニコニコとされたので、安堵したのですが、（次に、子どもたちが何を言いだすんやろう）とハラハラしていました。満喜子先生は、

「この子どもたちは明るい顔で率直に話しかけてくれるので楽しいです。この子どもたちにいつも囲まれている達ちゃんは幸福《しあわせ》ですね」

と言ってくださいました。しかし、私は（おばちゃんは何か辛《つら》いことがあって、寂しいのかなあ）と一瞬、満喜子先生の孤独を感じていました。

満喜子先生は歳を取ってからも、大好物のにぎり鮨《ずし》を一人前ペロリと平らげ、出す物はほとんど食べられる健啖家《けんたんか》の女性で、いつも（凄《すご》いなあ）と思っていました。

さて、「満喜子先生ってどんな人」と尋ねられたら、私は「信仰の人」、「祈りの人」、「厳しくて、優しい女性」と答えます。満喜子先生はプラグマティズム（実用主義）的な生き方をした人、と考える学者もいます。実用主義とは自分の考えを理論だけに終わらせ

ず、社会の中で行動することを大切にした哲学です。

しかし私は、（おばちゃんは実用主義という人間主義で行動される前に、何かに出会い、決断をする時、いつも祈り、イエスさまと対話し、結論を出してそれを行動された祈りの人、信仰の人やったなあ）と感じています。

そして、満喜子先生は厳しくて、優しい一人の女性でした。

おばちゃんに甘えて

満喜子先生は「厳しい女性」と言われています。確かに私はよく叱られました。しかし、私が苦しみに困っていると、笑顔で明るく「達ちゃん」と話しかけて、支えてくださいました。私は楽しいこと、悲しいことがあると、よく満喜子先生のところに行き、報告したり、意見を聞いたりしていました。

一柳満喜子先生

厳しさと怖さは違います。怖さは冷酷《れいこく》に通じますが、厳しさは温かさから生まれ、深い愛があります。厳しさと優しさは一つのものなのです。
私は満喜子先生の厳しさの中に温かい愛を感じ、

（その愛に甘えていた一人の教え子やったなあ）と、今シミジミと思います。甘える人が与えられることは幸福《しあわせ》なことです。心に痛みをもった時、その人が心のふるさとになって、そこに帰ることができるのです。

私は高校二年生の時に母親を亡くしました。それ以後、満喜子先生が母親にかわり、私の心のふるさとになってくださったのです。

私が洗礼を受けた時、同志社大学神学部に入学した時、卒業した時、止揚学園が生まれた時、結婚した時、「達ちゃん、よかったね」と大喜びをしてくださった満喜子先生を想い出します。私が知能に重い障害をもつ人たちと共に歩んだのも、大学を卒業した時、満喜子先生が私の希望を聞いて、親しかった子どもたちの施設に、丁寧な紹介状を書いてくださいましたが、それが契機でこの世界に入ったのです。結婚式の時も風邪を引いて体調が良くなかったにもかかわらず、式の間、近江八幡教会の会堂にずっと座っていてくださいました。私は満喜子先生の優しさに深い感動を覚えていました。

満喜子先生がイエスさまの側《そば》に行かれ、長い時が流れました。しかし、今も私の心の中で活《い》き活きと生きてくださっています。

おばちゃん、夢に出て「達ちゃん」と笑顔で呼びかけ、励ましてくださって、ありがとうございました。

静かな時が、潤《うるお》いを

窓から目に映る自然が、朝の光で眩《まぶ》しく輝いています。昨日まで垂れ込めていた雲が一気に去り、明るい陽射《ひざ》しに照らされた風景の新鮮な美しさに、しばらく見入っていました。

三年前、引っ越した家には小さな庭があって、（小鳥が集まってくれたら楽しいなあ）と思い、花や果実のなる木を何本か植えました。

ヤマボウシの木が真っ白な花でつつまれ、ジューンベリーの木に、小さな紅い実が、ヤマモモの木に、ラムネ玉ほどの深い赤色の実がなりました。白、赤の色が交わった庭は華やかです。しばらくするとその庭に小鳥たちが飛んで来て、おしゃべりをしながら木の実をつつき始めました。その姿をソッと窓から見ていると、仕種《しぐさ》が可愛いくて、心が晴れ晴れとしてきます。木の下には、連れ合いの光子さんの植えた花が色とりどりに咲き、この小さな庭は私たちの和みの場になっています。

私はその庭を見る度《たび》に、（地球は生命《いのち》をもつ総《すべ》てのものが支え合って、美しい場を作っているんや。もし、地球に人間しかいなくて、鳥のさえずりも聞こえず、花も咲かへんたら、寂しくて暗い世界になってしまうなあ。そやから、どんな生命でも大切にし合わんとあかん場が地球やなあ）と思いを新たにさせられるのです。

八十歳を過ぎ、私は若い時とは違うところからものを見、考えるようになり、そこから多くのことを学んでいます。

近頃私は考え方だけでなく、嗜好《しこう》も変わりました。以前は刺激のある飲み物やケーキが好物でしたが、今は和菓子で日本茶を飲むのが楽しくなってきました。和菓子も高級でない、幼い時のおやつだった粒餡《つぶあん》の田舎饅頭《いなかまんじゅう》や柏餅《かしわもち》、外郎《ういろう》や丁稚羊羹《でっちようかん》等で、それを摘《つま》み、お茶を飲んでいると心が寛《くつろ》ぎます。お茶は生活の潤《うるお》いです。

あいとうのお茶

先日、宮川心という近所に住む娘さんが作った「あいとうのお茶」をいただきました。

そのお茶に心温まる説明文がついていたので、一部紹介します。

「明神山の麓、棚田広がる愛東外町にその茶園はあります。愛東には、山一面茶畑という風景はありません。たけのこが採れる藪や、梅、桜、ブルーベリー園、田んぼ、野菜畑、人家、杉林等々、生きるための様々なものの一部として、茶園も点在しています」と、紹介から始まります。そして、結びは「あいとうのお茶はすっきりとした後味です。自然の力強さ、爽やかさを感じさせてくれます」で終わっています。

説明文によると、心さんは高校の時から、お茶の幅広さ、奥深さに魅了されて、自分でお茶作りをしたいと思っていました。その時、愛東外町で茶園を守っていた老人が亡くなり、跡継ぎもなくて、茶園が耕作放棄になりかかった寸前に、心さんが管理を頼まれたとのことです。それ以後、茶園を愛した老人の心を大切にして、茶園を管理し、自分でお茶を作っているのだそうです。

私は心さんのお茶への熱い心に（地味なことに、こんなに本気になり、活力にあふれてお茶作りをしている若者がいるんやなあ）と未来への希望を与えられ、心を明るくさせられました。

今、わが家は心さんの愛情がこもったあいとうのお茶を常用しています。

この歳になり、お茶の深さに気づき始め、（歳を重ねるということは、人生を豊かにする優しい道程なんやなあ）と静かに感じる今日この頃です。

私は今日までの歩みの中で、いろいろと思いや考えに変化がありました。

近頃変わったことは、キリスト者の私が仏像に強く心を引かれるようになったことです。

仏像の前で静かに座していると、その微笑《ほほえ》みを漂わせた柔和なお顔に包み込まれて、（僕《ぼく》を受け入れてくれたはるなあ）と気持ちが安まるのです。

イエスさまは救い主です

この「安まり」は信仰とは異なり、「受け入れられる」という東洋的な大らかさ、柔らかさに引かれ、そこから生じてくるものだと思います。

私にとって神さまはイエスさま唯一です。しかし、絵画などで見るイエスさまは、多くの場合、孤独で寂しそうな顔をしておられます。私はその姿から安まりでなく、厳しさを感じてしまいます。

なぜ厳しさを感じるのかを、私なりに考えてみたいと思います。

新約聖書の使徒行伝（使徒の働き）に「この方（イエスさま）以外には、だれによっても救いはありません」（四・一二）とあります。ペテロの手紙第二には、「主の忍耐は救いである」（三・一五）と述べられています。

人間は自分たちのもつ欲望で神さまに背き、罪をつくってしまいました。イエスさまはその罪を背負い、神さまと人間を和解させるために十字架にかかってくださったのです。その姿が愛です。イエスさまはこの愛を自分から能動的に私たちに与えて、私たちを罪から救ってくださったのです。

「慈悲」には、受け入れるという受動的な優しさがあります。「愛」は報いを望まず、人に与える自己犠牲という厳しさを伴います。イエスさまは救い主で、真の愛の神さまです。だから、私は厳しさを感じるのだと思います。そして、その厳しい愛を受け入れるのが信仰です。

私はこの厳しい愛に安まりよりも、(イエスさまは僕《ぼく》を罪から救ってくれはる救い主や)というもっと深いものを求め、その救いを待ち望む信仰を与えられ、キリスト者になったのです。

戦争やテロ、殺人や地球温暖化と、私たちは欲望や高慢の罪に満ち、生命《いのち》に畏敬《いけい》を払わなくなり始めています。このような私たちに、神さまや花、小鳥たちが、「生命あるものみなが、その生命をおかさない愛をもたなければ、地球は滅びる」と教えてくれています。

今、心してその見えないことばを聴《き》く素直な心、目、耳をもつ時が来ていることを痛感している私です。

悲しいことが起きました

庭に植えたプチトマトの実が赤く色づき、（もう少し経《た》ったら採《と》らんとあかんなあ）と思っていました。

ある日、数匹の鳥《からす》が飛んで来て、その実を食べ始めました。私は慌てて鳥を追い払ったのですが、後の祭り、プチトマトはつつかれたり、地面に落ちたりしてほとんど駄目になりました。食べる楽しみを奪われた私は、（鳥は嫌な鳥やなあ）と怒りをもちました。

その夜、フト以前に書いた原稿のことを想い出しました。

私が畑を荒らしている鳥に石を投げて追い払っていると、克子さんから、

「鳥に石投げたら、可哀相《かわいそう》や」

と注意をされ、私はそのことばに抵抗を感じました。しかし、彼女は私の思いなどお構いなしで、手を振って、

「鳥さんおいしかったか、また、食べにおいでや」

と明るい声で叫んだのです。初めは（何を言ってるんや）と思った私ですが、心が静かになると、（克子さんのように、畑を荒らす鳥を憎まんと、なんでも明るくとらえたら、だれとでも仲良くなり、住みやすい社会が育つなあ。彼女の言うことは正しいのやろうなあ。これからは相手の立場に立ち、その生命《いのち》を大切にしよう）と知能に重い障害をもった克子さんに愛の真の姿を教えられて、深い反省をしたことでした。

その私が再びプチトマトを食べる鳥を追い払ったのです。私たちは心の深くに問いかけられた思いが伝わると、（そうだ）と納得しますが、何年か経つと忘れて、また同じことを繰り返します。一つの心をいつまでももち続けるのは、難しいことです。

早く死んだほうが幸福《しあわせ》だ

さて、先般、神奈川県の知能に障害をもった人たちの施設で、四年勤めていた男性の元職員が、入所者をナイフや包丁で十九人も刺殺、二十七人（二人は職員）に重軽傷を負わせる事件が起きました。とても悲しい、辛《つら》い出来事で

した。

知能に重い障害をもった人たちと長く歩み、この人たちがこんなにたくさん殺害された事件に出会ったことがない私は、テレビや新聞でこの事件を知った時、あまりもの衝撃で、一瞬（ほんまか）と信じられませんでした。

この男性は「重い障害をもった人たちは生きていても仕方がないから、安楽死（助からない病人を、本人の希望によって、楽な方法で死なせること）をさせるべきだ」と、高慢で自分本位な考えをもち、この人たちの生命や人間性に畏敬《いけい》を払わず、無視をして、間違った行動を起こしたのです。

この事件の直後、この男性の主張や行動に対する、マスコミや専門家、多くの人たちの批判的な発言が毎日のように、マスメディアを通して目や耳に入ってきました。そのような中で、重い障害をもった人たちを刺殺したその行動は許《ゆる》せないけれども、この男性を批判するにとどまらず、今度の問題の奥深くに潜む本質的なものを見逃してはいけないことを私は感じていました。

六十数年前、私が知能に重い障害をもった子どもたちと共に歩み始めた頃は、（この子どもたちは早く死んだほうが幸福だ）と考える人たちが多数で、（このとらえ方は差別）と思う人たちは少数でした。

ある病院の医師から、てんかんで亡くなった子に対して「早く死んで幸福でしたね」と言われ、激しい心の動きをもったことを想い出します。

また、第二次世界大戦の時、重い障害をもった人たちは鉄砲などが撃てなくて、敵を殺すことができない人たちなので、国のために役に立たない「穀潰《ごくつぶ》し」（食べるだけで、何もできない様）とののしられて、人間扱いをされませんでした。

日本でも、このような理由で、重い障害をもった人たちに食べ物が与えられず、餓死した事例があることを私たちはあまり知りません。戦争には、生命をおかすだけではなく、弱い人たちを人間として認めない恐ろしさもあります。

見えないだけ、深刻です

先日、中日新聞にダウン症（染色体の異常で、知能に障害をもつ症状）などを調べる出生前診断のことが記事になっていました。

その記事によると、血液から胎児のダウン症などを調べる検査を受けた妊婦は、検査開始（二〇一三年四月）から三年間で三万六百十五人、その中で染色体異常が確定したのは四百十七人で、うち九十四パーセントにあたる三百九十四人が人口妊娠中絶を選択したとのことでした。中絶をした親たちは深い悩みや苦しみをもったと思いますが、障害をもった子どもたちの生命が、私たちの手で今も消えている現実があるのです。

過去に比べて現在は障害をもつ人たちの差別は減ってきているように見えますが、それは表面的なことで、本質的に見てみると、過去も現在も少しも変わっていないと私は感じています。そして、その疎外《そがい》の姿が見えないだけ、この人たちへの差別は深刻になってきているのではないでしょうか。

私たちは事件を起こした男性の考えや行動に、「ひどいことをする」「人間性が欠けている」と厳しい目を向けながら、ただそれだけで終わるのではなく、（私たち自身も、重い障害をもった人たちを刺殺はしなくても、その男性と同じ差別をもって、同じ質の道を歩んでこなかったか）を自分に今問いただす時なのです。

私は二十歳の時、知能に重い障害をもった子どもに（この子どもたちを差別してきたのは僕《ぼく》やったんや）と教えられ、それから（この子どもたちの差別をなくそう）と歩んできたのですが、今も（邪魔なものは追い払え）と烏に石を投げて、克子さんに注意を受ける人間です。邪魔なものを追い払うという感情は、明らかに差別姿勢です。

この中で（この子どもたちへの差別の根はほんまに深いなあ。その根を僕も担いでいる一人なんや）と自分を厳しく見つめて、だれも疎外されない場をこれからも求めて歩もうと思う私です。

「神の國」の実現を

止揚学園《しようがくえん》から少し離れた所で生活が始まり、元旦は夫婦二人でお節をいただいて、とても静かです。その静寂《しじま》にそっと身を委ねていると心が洗われ、自分が新しく変わっていく気がします。今の騒がしい時代に心が疲れている人たちが多く、そのことを思う時、正月だけでも静かさに身を置く大切さを、シミジミと感じる私です。

さて、ここでは、私の学生時代のメレル・ヴォーリズ先生の想い出から書こうと思います。

メレル先生の想い出

私は同志社大学法学部に入学しましたが、入学式の時、配られたパンフレットに校歌が印刷されていました。見ると作詞 William Merrell Vories と書かれていました。そのことを知らなかった私は、（同志社の校歌の詩を作らはったのはメレル先生やったんや。すごい。

この校歌をもつ同志社に入学できて、ほんまに良かったなあ）と喜びでいっぱいになったことを想い出します。

その日は、出会う友だちに、

「同志社の校歌の作詞はメレル先生なんやで」

と話すと、多くの友だちが不思議そうな顔をして尋ねました。

「メレル先生って、だれなんや、そんな人、知らへんなあ」

そのことばを聞く度《たび》に、私は熱っぽくメレル先生のことを語りました。

「あんなあ、メレル先生は僕《ぼく》の大切な先生で、キリスト者なんや。そして、近江八幡で近江兄弟社というメンソレータムを作る会社の創設をしやはった建築家で、同志社にも幾つかメレル先生の建物があるんや。後で、その建物を見に行かへんか」

今、考えると、興奮して語る私を、友だちは（変な奴《やつ》やなあ）と思っていたのではないでしょうか。

私の学生時代、一度メレル先生が同志社に来て、栄光館という建物で講演をされました。ポスターに「カレッジ・ソング（校歌）の作詞者」と書かれていました。

講演前に挨拶に行くと、先生たちと話をしていましたが、あの優しい微笑《ほほえ》みで迎えてくださいました。私の父は「福井鍾曛《ふくいしょうくん》」といい、メレル先生は「鍾曛さん」、私のことは

「達《たっ》ちゃん」と呼んでくださっていました。

メレル先生が、訪ねて行った私を「達《たっ》ちゃん」と呼ばれるので、側《そば》にいた先生たちは不思議そうな顔をしました。あの独特な関西弁でメレル先生が私を紹介してくださると、先生たちは（この学生は子どもの時から、メレル先生に可愛いがられてきたのだなあ）と思ったのか、私に親しく声をかけてくれました。この学生時代の出来事は、今も鮮明に心に残っていて、私の心の宝物の一つです。

また、こんなこともありました。私は学生時代、近江八幡から京都まで煙をたなびかせて走る汽車で通学をしていました。講義が終わり京都駅に行くと、偶然、メレル先生を訪ねるアメリカの女性に出会い、行き方がわからなくて困っていたので、案内をすることになりました。

近江八幡駅にはメレル先生が迎えに来ておられ、私が案内してきた理由を語ると、ニコニコ笑顔で感謝してくださり、迎えの自動車に一緒に乗せてもらい、帰って来ました。あの時は緊張もしましたが、それ以上に喜びのほうが大きかったことが心にかえります。

人との出会いを大切に

メレル先生は偉ぶらない、気さくな人でした。だから、人見知りの強い私でもスーッと

メレル先生の書

入って、思うがままに話せたのだと思います。

メレル先生は人間を大切にされ、子どもでも一人の人間として扱われて、その温かさで人間を育てる力をもつ、天然のキリスト教伝道者であり教育者でした。

メレル先生は他者との出会いを、とても大切にしておられました。出会いを大切にすると、優しい、美しい人生が生まれます。メレル先生に出会った多くの人たちは、その出会いを通して豊かなものを得ていたことを思います。

メレル先生の温かい人間への思い、それはイエスさまから与えられた信仰が基だったと感じます。メレル先生を語る時、キリスト教の信仰をはずしては語れません。メレル先生は人間でしたが、キリスト者でした。

私が、人間として無視され、疎外《そがい》された、知能に重い障害をもった人たちと共に歩み、「人間、だれもみな同じじゃ。イエスさまからだれでも生命《いのち》を与えられているんや。その生命はだれもおかせない大切なもんや」と長い間、語り、行動してきたのには、多くの理由があります。その一つにメレル先生のもっておられた聖書的な人間観から影響を受けていたことをはずすことはできないのです。

子どもの時に与えられたものは、それが良きものであれば、人生の宝物です。メレル先生は私を一人の人間として育て、人生の宝物を下さった人です。

メレル先生の想い出は、私にはたくさんあって、（それだけで一冊の本になるやろうなあ）と思います。

メレル先生はよくお正月の書き初めに「神の國」とお書きになりました。「神の國」、この文字を目にする度《たび》に、（闇に覆われても、どんな事がおきても、イエスさまの愛が満ちる平和が来ることを信じて、歩まんとあかんなあ）と勇気づけられる私です。

優しい心はたからもの

春よ来い　早く来い
おうちの前の　桃の木の
蕾《つぼみ》もみんな　ふくらんで
はよ咲きたいと　待っている

この詩と同じ思いで春を待っている私ですが、「春」と聞くと、周りの総《すべ》てが明るく感じ、

春が来た　春が来た
どこに来た　山に来た
里《さと》に来た　野にも来た

と子どもの時に歌った童謡を思わず口ずさみ、心を優しくさせられます。幼い時の美しい想い出は、長い人生で身につけた汚れを吹き飛ばして、優しい心を甦《よみがえ》らせてくれます。幼い時の美しい出会いは、貴重なたからものです。

私は毎年、大晦日《おおみそか》の夜に子どもたちを連れて、（静寂《しじま》に包まれたお寺で除夜《じょや》の鐘《かね》をついた美しい想い出を残してやりたいなあ）と思い、近くのお寺に鐘をつきに行き、その後、本堂で和尚さんを囲んで、皆で年越しそばを食べています。子どもたちは楽しそうです。

しかし、近頃、「鐘がうるさい」と文句が出て、除夜の鐘がつけないお寺があることを知りました。

このような自己本位な主張が強くなると、子どもたちに優しい心を育てる場が縮まり、この子どもたちが成人した時、賢い頭はあっても、優しい心の欠けた人間社会が育つことを思います。この社会は自分の力で生きられる強い者は歩めても、優しい心の連帯を必要とする弱い

者は邪魔者扱いをされ、弱肉強食の世界になってしまいます。

聖書には、「力のある者たちは、力のない人たちの弱さを担うべきであり、自分を喜ばせるべきではありません」（ローマ一五・一）と皆で優しい心をもち、助け合うことの大切さを記しています。この御言《みことば》が心に響く時、私は五十数年前、止揚学園が生まれた時のことを想い出し、（優しい心は無から有を生み出す大きな力や）と思うのです。

優しい心が集まって

先日、私は湖声社《こせいしゃ》を訪れ、藪《やぶ》さんや芹野《せりの》さんと楽しい時をもちました。私は芹野さんのお父さん、芹野俊郎《としお》先生にたいへんお世話になりました。

止揚学園《しようがくえん》創立期、知能に重い障害をもつ子どもたちへの偏見が強く、理解も少なく、経済的に苦しくなり、私たちはその実情を訴えようと募金行脚《あんぎゃ》を始めました。しかし、無名の私たちでは理解も募金も思うようにいかず、心身共に疲れきりました。そのような時に西宮市にあった甲東教会を訪ね、芹野俊郎先生と出会いました。先生とは初対面でしたが、私たちを招き入れて、静かに話を聞き、祈り、募金に協力をしてくださったのです。

そして、その後、自動車を運転して、こちらの教会、あちらの学校と、私たちと共に廻《まわ》ってくださいました。私たちは先生の信仰からの優しい心に励まされて、元気を取り戻しました。私は（芹野俊郎先生は信徒の上に立ち、聖書を教える牧師ではなく、苦しむ者と共に苦しみ、祈りを行動に示し、御言を語る牧者や）と感じ、祈りの真の姿を教えられて、感謝しました。

先生は人に教えたり、感謝をしてもらおうと行動したりしたのではなく、（牧者として当然のことをした）と考えておられると思います。でも、私は深く感謝をしています。

しかし、私は助けられた時、その時は感動したり、心が熱くなったりして感謝するのですが、時が経《た》つと、それが薄くなる弱さをもっています。その時は自分が高慢になっていることを思います。この時、「高慢にならず、謙虚になりなさい」と私の弱さを叱り、教えてくれるものがあります。それが聖書です。

聖書は「どんな時でも神さまに感謝しなさい。そして、神さまへの感謝をいつまでも忘れてはいけない」と語ります。私は（神さまへの感謝を忘れたらあかんということは、人への感謝も忘れたらあかんということや）と心に言い聞かせるのです。

優しい心が総《すべ》てです

このように、聖書は真理を、信仰を、優しい心（愛）を、感謝を忘れさせない温かい書です。だから、私は感謝が消えてくると聖書を読みます。そうすると再び、新たに感謝がかえってきます、聖書は弱い私をいつも助け、支えてくれている糧《かて》なのです。

さて、私は五十年近く、メンターム（初めはメンソレータムといっていました）を塗って、身体のマッサージを続けてきました。月に二個ほどのメンタームを使うので、今までに一二〇〇個以上を使用しました。

このメンターム・マッサージのお蔭《かげ》で、私の顔や身体の皮膚は、八十五歳の今でもツヤツヤしていて皺《しわ》がありません。髪がなくなった頭もピカピカと光っていて見事です。

現代は合理化が進み、社会は急激に変化し、昔がなくなってきています。その変化に対応する知恵と目をもたなければ取り残される社会の中に生きている私ですが、メンタームには深い思いをもっています。

メンターム・マッサージをしていると、近江八幡で初めてメンソレータム（現・メンターム）が製造された時に、メレル先生や初期の人たちの（この利益でイエスさまの御言《みことば》を伝え、多くの人の心を支えたい）という深い信仰と祈り、優しい心と経営への情熱、その非合理なものがメンタームの一塗り一塗りから伝わってきます。

また、（八十五歳になっても、こんなに元気な肌をもてるのは初期の人たちの信仰や優しい心を受け継いで、今もメンタームをつくっている近江兄弟社という会社があるからや、ありがたいなあ）と感謝が湧いてきて、励まされます。そして、（どんなに社会が変化しても、人を活《い》かすものは優しい心が総てやなあ）とシミジミと思うのです。

「見えるものは一時的であり、見えないものは永遠に続くからです」（Ⅱコリント四・一八）。この御言こそ、現代の合理的社会の中で忘れてはいけない真理なのです。

愛は人と神さまの絆《きずな》

家の近くに、湧き水でキラキラと輝いた水の流れる小さな川が幾つもあって、そこに架《か》かる橋の上から水中をのぞくと、春になれば、冬には姿を見せなかった魚が楽しそうに泳ぐのが目に映ります。それを見入っていると、いつのまにか、

めだかの学校は　川のなか
そっとのぞいて　みてごらん
そっとのぞいて　みてごらん
みんなでおゆうぎ　しているよ

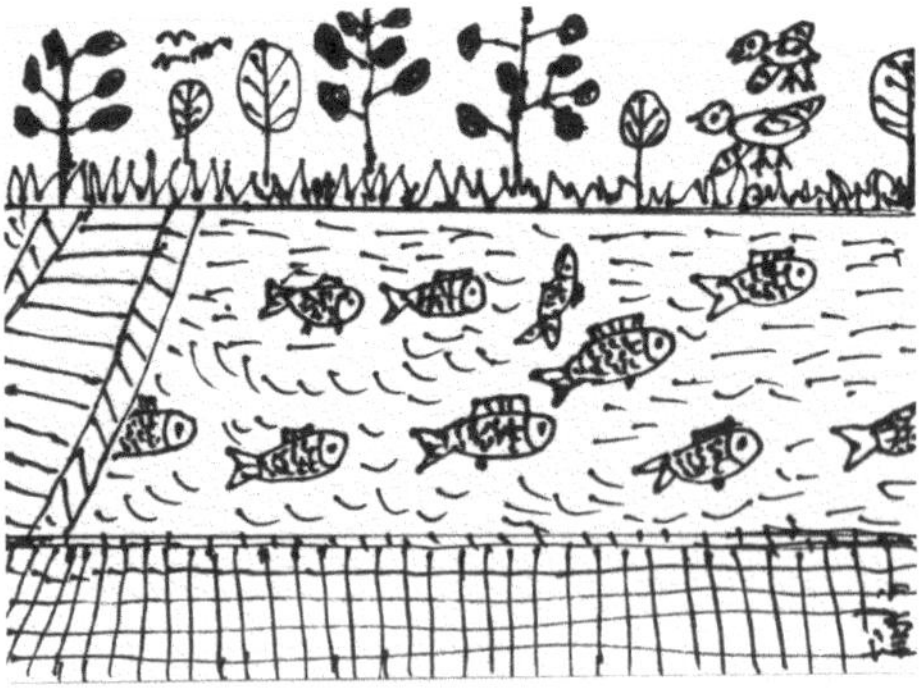

と童謡を口ずさんで、幼い時にかえった自分がそこにいます。

若い時はあまりなかったことですが、この頃、亡くなった両親と共に過ごした子どもの時のことがフト想い出され、いろいろな情景が浮かんできて、懐かしくなります。

私は四人きょうだいの長男です。次は高校卒業後、一年間メレル先生たちと起居を共にし、満喜子先生から教えを受けて、その後、幼児教育に入った妹の満喜《まき》です。おそらく彼女は、メレル・満喜子の両先生と一緒に生活した人たちの中で、生存している最後の一人だと思います。

次男は満雨《みつう》といい、大学卒業後、養護施設で子どもたちと歩みました。

三男はきょうだいの中で、ただ一人天上に召された博雨《ひろう》です。私たち兄弟はみな、「雨」という字が名前につきます。

一枚の白黒写真

博雨は他のきょうだいとは交わりをもっていましたが、私とは付き合いにくかったようで、逝《い》く一年前まで交流がなく、長い間疎遠でした。

博雨は病が重くなり、ヴォーリズ記念病院のホスピスに入院しました。

ある日、私が病室に行くと、突然、

博雨の写真

「兄ちゃん、僕《ぼく》は洗礼を受けたいと思っているんやけど、どうやろう」

と相談してきたのです。

私は長い間、（博雨はキリスト教に反発しているんやなあ）と思っていたので驚いたのですが、内心なんとなくホッとしました。

「受洗してへんでも、博雨は（イエスさまは救い主や）と信じているんやろう。そやったら人間にはけじめが大切や。洗礼を受けて、（キリスト者になった）ときちんとけじめをつけたほうが、気持ちがスッキリすると思うなあ」

と語ったのを、今想い出す私です。

博雨は亡くなる二日前、晴れ晴れとした顔をして病床洗礼を受けました。

先日、本の整理をしていると古い新約聖書が出てきました。（こんな聖書は知らへんなあ）と思い、手に取ると、博雨が愛読していた聖書でした。

頁をパラパラと捲《めく》ると、近江兄弟社中学校の入学式から帰って来て、新しい学生服と真白な靴を身につけ、家の玄関前に立っている博雨の白黒写真が挟まっていました。

ズボンのポケットに手を突っ込み、特意そうな姿の写真を見ていると、博雨の生前のことがあれこれ浮かび、なんとなくシンミリとしてしまいました。
聖書の裏表紙の裏には、博雨の、

愛
人は口で愛をとなへ
目でみずから罪をおかす
人は目で愛を見
口でみずから罪をおかす
そのことごとく人は耳できき
その舌に
トゲをさしよろこぶ。

信仰は一種のきかざり
偽善の愛
だが　愛は

愛そのもの　人そのもの
信仰は自己と神の会話
愛は人と神とのきずな。

と詩が書かれ、表表紙の裏には「愛さぬものは神を知らぬ　ヨハネ一４・８」という御言《みことば》が記されていました。

博雨の聖書には、愛に関係するいろいろな聖句の横に赤線が引いてありました。

私はこの詩を読み、（博雨はなんども、何度も聖書をひもとき、それでも自分の罪（偽善）を取り去れない自分の弱さを知りながら、ひたすらイエスさまに愛を求めていたんやなあ）と感じました。そして、私は（僕の信仰をも正される詩やなあ）と心に響きました。

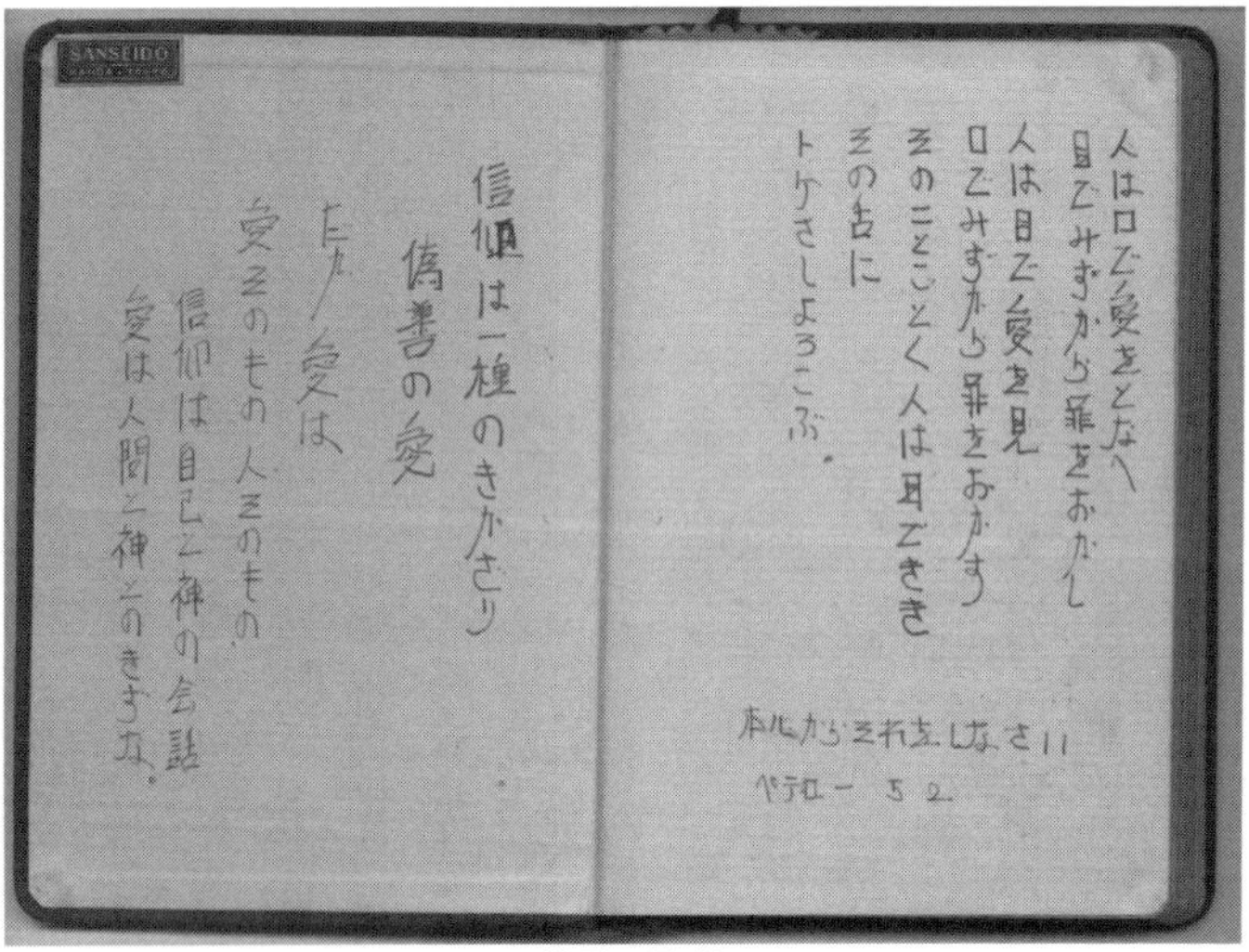

博雨の聖書

愛情だけでなく、愛を

私は、(愛情はもてても、愛はなかなかもてへんなあ)とよく思います。「愛情」とは、家族や親しい人たちにもつ人間的な温かい心です。「愛」は、イエスさまが示してくださった自己犠牲的な優しさです。

その日、私は疲れて一日寝てしまいました。そこへ止揚学園《しようがくえん》の保育士、村下さんと入園している敬子さんがやって来ました。そして、敬子さんが、

「これ、あげる」

と、私に紙包みを手渡しました。開けると、お菓子が入っていました。(僕の病を心配して持って来てくれたんやなあ)と思い、「おおきに」と感謝すると、彼女はニコニコしていました。

次の日、村下さんに出会うと、不機嫌な顔をして、私に話しかけました。

「敬子さんは本当に頑固ですね」

「どうしてや」

と聞くと、昨日のおやつの時に、彼女が自分のお菓子を食べないので「食べなさい」と注意すると、「嫌や」とどうしても食べないというのです。何度注意しても食べないので、

その理由を聞くと、「福井先生病気、あげる」と言うのだそうです。そこで、「持って行くお菓子は別に作るから、自分の分は食べなさい」と言ったのですが、「嫌や」と全く食べようとしない敬子さんのあまりにも頑固な態度に、村下さんは少し気分を害したということでした。

その日は（なんで別のお菓子を持って来るのを敬子さんは嫌がったんやろう）と考えていたのですが、夜になって（自分が損をしても食べへんたおやつに意味があったんやなあ）と気づいた私でした。

食べなかったおやつには、私の病を心配する彼女の真心が入っています。別のお菓子にはその心がありません。

「卑《いや》しい利得《りとく》を求めてではなく、心を込めて世話をしなさい」（Ⅰペテロ五・二）、「自分の利益ではなく、多くの人々の利益を求め……」（Ⅰコリント一〇・三三）と御言が語るように、敬子さんの姿は頑固でなく、そこに愛があったのです。「愛情」も大切ですが、最も大切なのは愛です。

イエスさまの沈黙は愛です

　五月、一時期少なくなりましたが、近年、あちらこちらで鯉幟《こいのぼり》が空を舞うようになり、昔がかえってきました。

　幼い頃、真鯉《まごい》や緋鯉《ひごい》等がユラユラ、ハタハタと青い空を泳いでいるのが目に入ると、（あの鯉の背中に乗って、すいすいと大空を泳ぎ回りたいなあ。鯉さん背中に乗せてえなあ）と、美しい夢を見ていました。

　八十五歳になった今も、鯉幟を見ると、あの時の心が残っていて、

　　屋根よりたかい　こいのぼり
　　おおきいまごいは　おとうさん

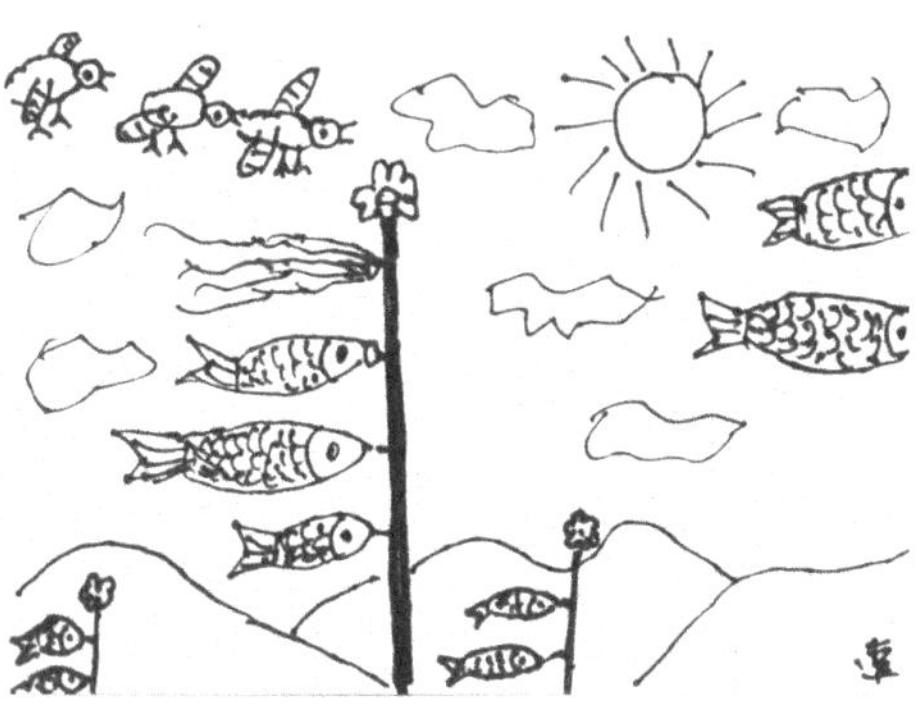

ちいさいひごいは　子どもたち
おもしろそうに　およいでる

といつのまにか童謡を口ずさんでいる私です。その頭の上を鯉たちが黙ったまま悠々《ゆうゆう》と泳いでいます。その沈黙がより私の夢をおおきく、大きく広げてくれるのです。

神よ、沈黙しないでください

さて、先日、私は連れ合いの光子さんと、遠藤周作原作の『沈黙』という映画を観てきました。私は（日本映画や）と錯覚していたのですが、アメリカ人の監督が作った外国映画でした。この映画を観た数日後、監督がテレビで「現代は小さなことにとらわれた騒がしい映画が多いが、この映画は観る人の心に静かに訴え、人間の真の姿を見つめるものにしたい」と語っていました。

しかし、私は映画の中で江戸幕府の役人たちが、切支丹たちに改宗をせまる責めが苛酷で、そのうえ、拷問されている人たちへの神さまの救いもなく、沈黙のままで、ホッとする場面が少なく、疲れました。そして映画が終わっても、しばらく席を立てませんでした。

踏み絵（イエスさま等の姿を彫った銅板を踏むこと）を多くの切支丹が踏むことを拒否す

る姿が映し出される度《たび》に、私はドキドキしながら（自分やったらどうするやろうなあ）と考えていました。おそらく、私は映画に出てくるような激しい拷問の場を見せられたら、恐ろしくて、心の中で（〝こんな見えるもんはイエスさまやあらへん、ただの銅板でイエスさまは見えへん所にいやはるんや〟と言い訳をし、絵を踏むやろうなあ）と、自分の弱さに戸惑っていました。そして、映画館を出ても、心がモヤモヤとしたままでした。

アメリカで遠藤周作の研究をしている大学の先生が、「改宗することを〝転ぶ〟と表現し、それを背信（永遠に裏切ること）と英訳しています。でも、人は転べばすぐ起き上がります。だから、背信と〝転ぶ〟には大きな意味の違いがあります」と語っていました。

私も、（転んだ切支丹たちは、人間的な弱さで銅板を踏んだんやけど、自責の念を深くもちながら、心のどこかにイエスさまを神さまとして、捨てられへんものがあったんやないかなあ）と思いつつ、この映画を観ていました。

さて、私は今日まで数限りなく、自分や人のことをイエスさまに「アーメン」と祈り願ってきました。しかし、どんな時もイエスさまの御声はかえってきませんでした。沈黙の時でした。その度に、（僕《ぼく》の信仰が弱く、祈りが自分勝手やから、イエスさまは無視したはるんやろうか）と気持ちがすっきりとしませんでした。

しかし、旧約聖書の詩篇の作者も、神に願っても御声が聞こえず、「神よ、沈黙を守らないでください」、「神よ、何も言わずに、黙っていないでください」と嘆願しています。私は（僕だけやなく、こんなに信仰の深い詩篇の作者でも、神さまは沈黙しておられたんやなあ。神さまの沈黙って何か深い訳《わけ》があるんやろうか）と考えてしまいます。

「雄弁は銀、沈黙は金」という諺《ことわざ》のように、イエスさまの沈黙は、イエスさまが私たちに語られるより、もっと深いものを私たちに伝えようとしているのかもしれません。でも、イエスさまの沈黙は私には寂しいのです。

沈黙は優しいことばです

私と共に歩んでくれた知能に重い障害をもった子どもたちの多くは、自閉傾向が強く、私が語るようなことばはもたない、沈黙の子どもたちでした。（彼らのことばはあると思いますが。）

常一くんもことばがありません。

「常一くん、僕の話を聞いてるの、わかっているんか」

と問いかけても、

「………」

何もことばはかえらず、私と彼の間に静かが漂うだけでした。しかし、常一くんが沈黙してくれているので、私は自分の思うままに、内にこもったものを吐き出し、どんなことでも彼に話ができました。その間、常一くんは嫌な顔も、軽蔑もしないで聞いてくれていました。しばらくすると私の心が晴れてきて、「常一くん、話をきいてくれて、おおきに」ということになるのでした。彼の沈黙は優しい心、ことばでした。そして支えでした。

そう考えると（イエスさまの沈黙は僕に対する大きな支えなんやなあ）と思えてきます。私はイエスさまに祈りをとおして、よく語りかけています。時にはクドクドと愚痴《ぐち》を言ったり、イエスさまは黙っておられるので、だれかに洩《も》れる心配もなく、人には言えないような事柄も、安心してぶつけたりして、よく気を晴らしています。

また、「イエスさま、なんで僕の願いは聞いてくださらないのですか」と恨みが出ることもあります。しかし、イエスさまは怒りもせず、「うるさいなあ」とも言わず、黙って私の祈りを聞いてくださっています。

そのうち私は落ち着きを取り戻し、「イエスさま、また変なことを言うてゴメンナサイ」、「僕のつまらん愚痴を聞いてくださり、ありがとうございました」と何度謝り、感謝したことでしょうか。

イエスさまの沈黙は私を支える愛なのです。しかし、その深い信仰に近づきたいと祈りつつ、まだまだそこに達するには遠い自分を感じる私です。

ゆっくり感と間合いが

私は小学生の時に、我流《がりゅう》でハーモニカを奏《そう》し始めました。ハーモニカは左が低音、右が高音というように持つのですが、私は左が高音、右が低音と、ほかの皆とは反対の持ち方を最初からしています。その持ち方は今も直らず、変わった奏し方をしています。

使用しているのはホーナー（HOHNER）というドイツ製のハーモニカで、小学生の時、その重厚で美しい音《ね》の虜《とりこ》になってしまいました。今は音調の異なった三十数個のハーモニカを持ち、その中にホーナー社百五十周年記念の金色、銀色のものがあり、大事にしています。

壊れて消えた

ある初秋、子どもたちと散歩に出かけ、その途中に木陰《こかげ》があって、そこでおやつを食べました。私が散歩の時にポケットに小さなハーモニカを忍ばせているのを知っている子ど

もたちが、

「シャボン玉、吹いてえなあ」

とせがみました。私は、

「わかった。わかった」

と言い、シャボン玉の歌を静かに奏しました。歌が終わります。聴いていた子どもたちが手を叩いて、

「上手《じょうず》やなあ」

と誉《ほ》めてくれました。嬉《うれ》しくなり、

「そうか。もう一度吹くわ」

と再びハーモニカを奏《かな》でました。子どもたちは大喜びでした。

しゃぼん玉　飛んだ
屋根まで飛んだ
屋根まで飛んで　壊れて消えた
しゃぼん玉　消えた

飛ばずに消えた
生まれてすぐに　壊れて消えた
風　風　吹くな
しゃぼん玉　飛ばそ

この詩は、作詩者の野口雨情《のぐちうじょう》が、生まれてわずか八日目に逝《い》った長女みどりの果敢《はか》ない生命《いのち》を、壊れたシャボン玉に託して創《つく》ったと言われています。私はこの歌を奏でる時、みどりへの雨情のいとおしみや悲しみが心に響きます。

遊びは育ちです

私の子ども時代は、麦藁《むぎわら》の管でシャボン玉を膨《ふく》らませました。大きなシャボン玉が麦藁から離れて、フカリ、フカリと七色に輝き、空を舞い、静かにスーッと消えます。そうすると、またシャボン玉を膨らませます。

私は（そのゆったりとした間合いが醸《かも》す優雅《ゆうが》な雰囲気が、見えない美しさを感じさせる優しい情緒を、幼い僕《ぼく》の心に育ててくれたんやなあ）と感謝している今です。

けれどもこの頃は、無数のシャボン玉がストローから一気に飛び出し、そのスピードに驚かされます。そして、（こんなにゆったり感や間合いのないシャボン玉では、雨情の詠んだ詩に秘められた想いや生命《いのち》の尊さなど、その見えないものを感じられへんのやないかなあ）と思い、（この頃のシャボン玉と雨情の詩とは、なんとなくそぐわへんなあ）と強い違和感をもつ私です。

遊びは育ちです。私の幼い時、遊びの多くには、ゆったりとした間合いがあり、その余裕の中で見えないものを感じ、友だち同士のお互いに尊重することを学び、育ちました。これが生命の大切さを自覚させる基となりました。

今、子どもたちの遊びはスマートフォンやパソコンが主流となり、これでゲームをし、動画を送り、友だちと交わっています。

多くの情報をすぐに伝える。このことは現代社会では重要な役割を果たしていて、私は否んではいません。けれども、たくさんの情報を、それほど早く子どもたちに伝える必要があるのでしょうか。もしも大人と子どもが顔を合わ

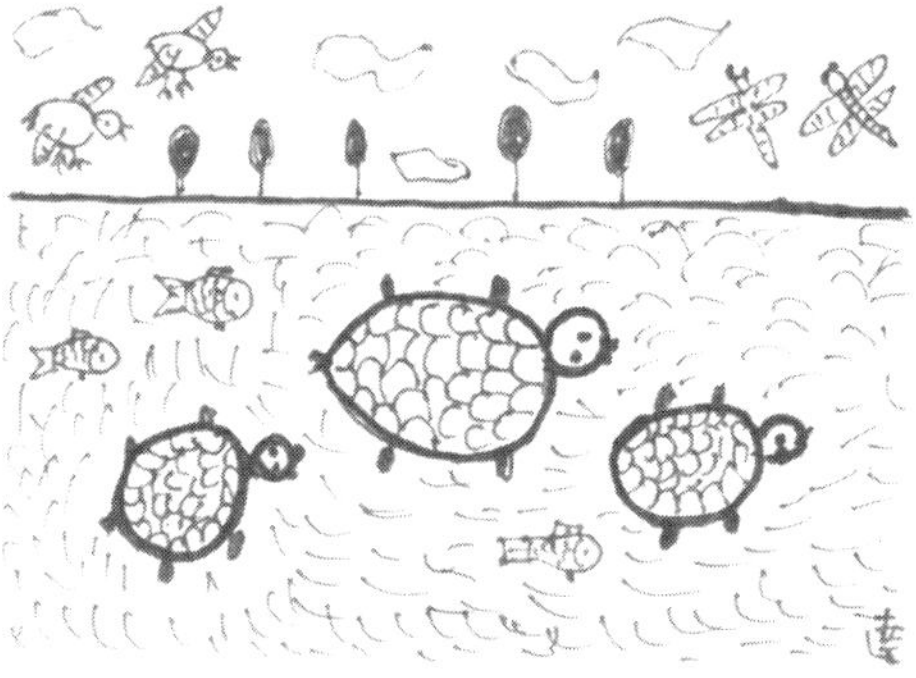

せ、ゆっくりと間合いをもって語り、遊ぶ場がなくなれば、時も心も余裕がなくなって、見えないものや相手のことを考え、感じることが困難になります。

　こうして育った子どもたちが大人になった時、平気で相手をいじめ、その生命を奪い、人間や生命に畏敬《いけい》を払わなくなるのではないかと心配になります。余裕は子どもの育ちに必要なものです。

　生命の軽視が進む現代、それを止めるために、私は幼い子どもたちに、「ゆっくり」と「間合い」とをもつ遊びを取り戻し、見えないものをいっぱい感じさせてやりたいのです。人間が、生命が大切にされる未来を待ちながら。

人の幸福《しあわせ》を求める

夏になると口ずさむ歌に、江間章子作詞、中田喜直作曲の「夏の思い出」があります。

夏が来れば　思い出す
はるかな尾瀬《おぜ》　遠い空
霧のなかに　うかびくる
やさしい影　野の小路
みずばしょうの花が　咲いている
夢見て咲いている　水のほとり
しゃくなげ色に　たそがれる
はるかな尾瀬　遠い空

この歌は、高校の音楽の時間に唄った懐かしい曲で、何度か皆で舞台に立って、合唱をしたことがありました。

水芭蕉《みずばしょう》は、四月から七月頃に山地の湿原《しつげん》に花が開く多年草です。何度見ても、その白い花は清楚《せいそ》で、愛らしく、心を引かれます。そして、この歌を唄っていると、静かで柔らかな詩と旋律《せんりつ》が、ゆっくりと心に染み込み、暑さを忘れてしまいます。

さて、七月のある日、メレル先生・満喜子先生ご夫妻の家（現・ヴォーリズ記念館）で一年間起居を共にした妹の満喜《まき》が訪ねて来ました。妹と話をしていると、いつも満喜子先生の想い出になります。妹から聞いた話で、心に残ったことを書いてみます。

恥ずかしさを忘れない

メレル先生たちの朝はパン食で、今のような電気製品はなく、七輪に網を置き、炭火でパンを焼き、焼き過ぎると満喜子先生に注意されるので、パンから目を話さずに緊張したようです。

満喜子先生は寝起きの姿を人に見せず、髪や衣服が整わないと、妹は居間には入れてもらえませんでした。そこでメレル先生夫妻の居間の下部屋に待機して、二階の床からコツコツと足音が聞こえてくると、（起きはった）とパンを焼き始めます。音が静かになると、

（身繕いが終わった）と居間に朝食を運びます。その間合いに慣れるまでは苦労したようです。

私は妹の話を聞き、（さすがに満喜子先生や）と心を打たれました。

私たちの多くは雑然としたものや、汚れたものより、整然としたものや、美しいものに接したほうが気持ち良く、楽しくなります。（美しいものを見せたい）という思いは、人間を大切にして、幸福《しあわせ》にすることなのです。

寝衣《ねぎ》での寝起き姿は、あまり美しいものではありません。その姿を見せない満喜子先生に、私は（これは厳しさやあらへん。朝出会う人たちを明るく、幸福にしたいという、相手を思いやる温かい心遣いやったんや）と、改めて深い親愛の情を感じました。そして、（満喜子先生は〝乱れた姿は人に見せたくない〟という恥ずかしさを、心にもったはった謙虚な女性やったんやなあ）と深く感じました。

満喜子先生とメレル先生

この頃、中年の女性が「ドサッと驚くほど出ました」と笑いながら語る広告、それに類似した広告がテレビによく出ます。「ドサッ」とは便がたくさん出た表現です。食事中にも映し出されて、（少し考えてほしいなあ。こんな話は多くの他人の面前で、大声ですることやあらへん。現代は恥ずかしさを持たへん時代に変わってきたんやろうけど、ほんまにこれで良いんやろうかなあ）と疑問を感じる私です。

私たちが見かけでなくて、本質的にもつ「恥ずかしさ」は、人間にとって意味をもつ、なくてならない情感です。恥ずかしさは悪や暗さでなく、善で明るさなのです。そして、それをなくすと自分本位になり、相手の立場を忘れ、そこから高慢が生じ、他者の幸福を求める愛が消えてしまいます。恥ずかしさは、人間を大切にする優しさをもつか、もたないかのけじめになり、皆を明るく生かす糧なのです。

恥ずかしさを失うことのなかった満喜子先生に、私は（いつも僕《ぼく》のことを思ってくれたはったんや。そやから厳しかったけど、優しさを感じていたんやなあ）と再び、新たに満喜子先生の厳しい姿を想い出しました。

妹も、「満喜子先生の厳しさは、（私を幸福《しあわせ》にしたい）という愛の発露でした」と明るく

語っていました。

みんな　皆同じです

さて、夕食はメレル先生夫妻と共に食す習慣で、その時、満喜子先生は妹たちに「ここにいる者はみな平等で、上下関係はありません。だから、胸を張って、頭を上げ、私の目を見て話をしなさい」とよく言われたそうです。

このことばは満喜子先生の人柄をよく表しています。だれにでも、どのような人間にでも、私や妹でもその人権を認め、自分の立場や力で相手を圧することがなく、（すべての人間は平等なのです）という人間観をもっておられたことを思います。

この人間観は、旧約聖書の創世記に、「神は自分のかたちに人を創造され、男と女とに創造された」（一・二七参照）と記されているように、（人間はみな、神さまが創《つく》られたのです。だからだれでも同じです）というキリスト教人間観で、満喜子先生のもっておられた信仰から生まれたものだと思います。

「いっしょにいたメレル先生はどんな生活をしたはったんや」

と妹に聞くと、

「一度も叱られたことはなく、満喜子先生が私たちに語られることには、口を出されなかった」

と言っていました。夫婦として自己確立をし、お互いに相手を大切にしておられたのだと思います。

満喜子先生は、(自分をしっかりと見つめ、だれであっても無視しないで、人の幸福《しあわせ》を求める途《みち》を歩みなさい)と、私たちに示してくださったことを思います。

私のこれからは自分の健康を守り、老化を防ぐことが大切です。しかし、それとともに、(僕《ぼく》は歳を重ねても、動けんようになっても、その時に合った方法で人の幸福《しあわせ》を求める歩みをせんとあかんなあ)と思っています。

頑張らないで、誇張しないで、ゆっくり、満喜子先生から学んだ「人の幸福《しあわせ》を求める」を指針として、これからの未来を進んでいきたいものです。

あとがき

私は、知能に重い障害をもった子どもたちと共に歩み、六十年が過ぎました。八十歳を過ぎてから私は、新しい本を出版していただく度《たび》に、（これが最後の本になるんやろうかなあ）と思ってきました。

いのちのことば社出版部の長沢さんから、「優しい心はたからもの」の本を出す相談を受けた時も、やはり（これが最後の本になるんやろうなあ）と感じていました。

最後の打ち合わせの時、台風で電車が動かなくなり、米原駅（滋賀県）で五時間ばかり足止めをされ、夕方私の家に来てくださった長沢さんの姿を見た時、心が熱くなりました。帰り際、「福井先生、良い本を作ります」と言われた長沢さんの言葉が、今も心に深く残っています。

また、出版部の新人の女性スタッフがこの本の原稿を読み、「行間から言葉が聞こえた」と言ってくださったことを知り、（行間から聞こえてくる私の心を感じながら、この本を編集してくださっているんやなあ）と感謝の思いで満ちました。

私を「古い人間」という人もいますが、今も原稿を鉛筆で手書きしています。編集者の中には、手書きを嫌がる人もいるのですが、私は（機械を通すと、心や言葉、文字が機械の冷たさで潰《つぶ》されて、見えないものが見えなく、聞こえなくなってしまう）と感じて、手書きにしています。

原稿はただ文章を書くだけのものでなく、書く人間の心や思いがあふれているものです。私は、これからも原稿や手紙は手書きを棄《す》てず、書き続けていきます。

手書き原稿を大切に扱ってくださるいのちのことば社出版部の皆さま、ありがとうございました。

また、この本の原稿は、滋賀県近江八幡市にある近江兄弟社湖声社から出ている月刊誌「湖畔の声」に四十数年書かせていただいている文章を使わせていただきました。温かく協力してくださった籔《やぶ》さん、皆さんに心から感謝しています。

そして、「キリスト新聞」に載せていただいた文章も使わせていただき、ありがとうございました。

本の表紙絵や文中のカットは、「湖畔の声」誌に書いた文章の中にあるものを、少し変えて使っていただきました。このカットを読者の皆さんが楽しんでくださったら、嬉しいかぎりです。

そのほか、いろいろと祈り、力を合わせてくださった皆さまの優しい心がたからものになって、この本が生まれました。嬉しいことです。

「あとがき」を書き終わり、ホッとしながら部屋の窓から外を見ると、夕日が沈み、空は淡い紅色に染まって、一筋の飛行機雲が線を引いています。その下に山の黒い影、紅の空、白い線、黒の山々、その色彩が一つになり、その調和が美しく目の前に浮かんでいます。美しい自然は心を慰め、安らかにしてくれます。優しい心はたからものですが、美しい自然もたからものです。

今日まで、祈り、支え、励まし、共に歩んでくださった皆さん、そして、読者の皆さんの愛を深く感じつつ、鉛筆を置かせていただきます。

二〇一七年十一月末日

福井達雨

初出

Ⅰ　永遠に変わらないもの、それは愛

『よい天気、ありがとう』いのちのことば社、一九八七年

『見えないものを』いのちのことば社、一九九一年

『愛が咲いたよ』いのちのことば社、一九九三年

『小さなことに大きな愛を』いのちのことば社、一九九八年

Ⅱ　愛はヌクモリです

「キリスト新聞」キリスト新聞社、二〇一一〜二〇一二年より

Ⅲ　優しい心はたからもの

「湖畔の声」湖声社、二〇一四〜二〇一七年より

福井達雨（ふくい・たつう）

1932 年、滋賀県近江八幡市に生まれる。1956 年、同志社大学を卒業。学生時代より、障害児の教育と差別問題に取り組む。教育心理学を専攻。1962 年、多くの人の協力により、知能に重い障害をもつ子どもの施設、止揚学園を設立する。

止揚学園は共同体制を持つ施設であり、障害児者差別に対する抵抗運動、教育権運動を起こすなど、真摯な活動を続けている。

その間、アジアの国々、西欧諸国および日本国内の講演に東奔西走。中日新聞社会福祉賞、京都新聞社会福祉賞、小原教育賞、毎日社会福祉顕彰など数々の栄誉を受けている。また、ＮＨＫテレビ、民報テレビに多数出演している。

著書に、『ボスがきた』『みんなみんなぼくのともだち』『こわいことなんかあらへん』『みなみの島へいったんや』『おばあちゃんをすてちゃいやだ !!』『およげなかったかも』『子どもの笑顔を消さないで（うたの絵本)』『にわとりさんはネ…』『はしれムンシー！』『愛がいっぱい　いっぱい』（以上偕成社)、『子どもの笑顔を消さないで』『僕アホやない人間だ』（止揚学園)、『見えないものを』『愛が咲いたよ』『子どもは闇のなかに輝いている』『見えない言葉が聞こえてくる』（以上いのちのことば社)、『あなたは何処に行くのですか』『一人は力です』『僕アホやない人間だⅡ』『弱いことこそ強いのです』（以上海竜社)、『生きるってうれしいなあ』(福音社)、『やさしい心をもっていますか』（サンガ）など多数。

優しい心はたからもの

2018年 2 月10日発行

著 者 福井達雨

印刷製本 シナノ印刷株式会社

発 行 いのちのことば社
〒164-0001 東京都中野区中野2-1-5
電話 03-5341-6922（編集）
03-5341-6920（営業）
FAX03-5341-6921
e-mail:support@wlpm.or.jp
http://www.wlpm.or.jp/

ISBN 978-4-264-03885-6